KB078728

최저임금
딜레마

길 잃은 최저임금 전쟁,
그 본질과 해답은 무엇인가?

최저임금
딜레마

김도경 지음

올려야하나

내려야하나

좋은땅

Di · lemma: 진퇴양난(進退兩難)

'이러지도 저러지도 못하는 어려운 처지'

"그래서 최저임금 얼마나 인상돼야 해?"

국민 절반의 생계 문제를 결정하는 최저임금. 어쩌면 우리 모두의 먹고사는 문제가 되어 버린 최저임금. 그래서 그런지 매해 최저임금의 수준이 결정될 때면 위와 같은 질문이 빗발친다. 내가 해군에서 배를 타며 책을 쓰는 와중에도, 최소한 수백 번은 들었던 질문이다.

지금처럼 '최저임금이 얼마나 오를지' 관심이 집중된 상황에서 우리는 서로 다른 바람을 갖고 눈을 부라리며 초조해한다. 최저임금에 대한 초조함은 알바생과 중소기업 근로자부터 자영업자, 중소기업 사장까지 누구 하나 예외는 없다. 마치 이듬해 나의 생존 수준이 어떻게 결정될지 재판 결과를 기다리는 것이랄까? 이때 자칫 누구 하나 마음에 들지 않는 결과가 나오기라도 하면, 초조함은 서로를 향한 분노로, 서로를 향한 분노는 전쟁으로 순식간에 탈바꿈된다. 최저임금을 논하는 것이 전쟁과 같아진 상황이 온 것이다.

그런데 과연 최저임금을 적절히 인상한다고 해서 지금처럼 전쟁과 같은 상황이 해결될까?

이러한 의문이 드는 까닭은, 이 전쟁이 적절치 못한 최저임금 수준 때문이라기보다는 제로섬(zero-sum) 게임과 같은 상황에서 비롯되었기 때문이다. '제로섬 게임'이란 누군가의 몫이 커지면, 그 몫이 커진 만큼 누군가의 몫이 줄어들게 되는 게임을 말한다. 현재 최저임금 전쟁도 그렇다. 최저임금을 인하 또는 인상하든 간에 결국 누군가의 몫은 줄어들 수밖에 없다. 그런데 애초에 알바생, 중소기업 근로자, 자영업자, 중소기업 사장에게 주어진 몫이 부족하므로, 최저임금이 어떻게 결정되든지 간에 이들은 싸울 수밖에 없다. 근로자와 고용주 두 명이 콩 한 쪽을 어떻게 나누어도 배가 고플 수밖에 없는 셈이다.

즉, 최저임금을 단순히 인상 혹은 인하하는 방식만으로 최저임금 딜레마를 해결할 수 없다.

그렇다면 우리 모두가 이 딜레마가 같은 전쟁에서 승리할 수는 없을까?

전쟁과 이로 인한 희생은 공동의 선을 위한 것이어야만 의의를 갖는다. 그러나 현 시각에서 최저임금 전쟁은 길을 잃은 것처럼 보인다. 각자가 당장의 살길에만 눈이 먼 바람에 공동의 선을 구축하고자 하는 전쟁 본래의 목적을 망각하였기 때문이다. 그러므로 우리 모두가 딜레마 같은 최저임금 전쟁을 해결하기 위해서는 단순히 최저임금 인상 혹은 인하라는 표면적인 논의에서 빠져나와야 한다. 다시 말해서 논의의 초점을 바꿔야 하는 것이다. 이것이 내가 이 책을 쓰게 된 가장 큰 이유이다. 나아가 길 잃은 최저임금 전쟁에 하나의 해답을 제시하여 도움이 되고자 하는 바람인 것이다.

따라서 이 책은 최저임금 인상 혹은 인하의 효과를 분석하는 것에 그치지 않고, 최저임금 전쟁의 본질과 논의의 요점, 더불어 딜레마에 빠진 최저임금 전쟁에 대한 해답을 쉽게 파악할 수 있도록 총 네 가지 파트로 나누어 전개하고자 한다.

첫 번째 파트는 최저임금이라는 거대 논쟁을 이해하기 위한 일종의 설명서이다. 기본적인 경제, 정치, 최저임금제의 관계를 짚어보며, 나머지 챕터들에서 다루어 볼 내용들의 배경지식을 파악하게 될 것이다.

두 번째 파트는 최저임금 인상으로 인해 어떻게 한국 경제의 구조적 문제가 전쟁과도 같은 자영업자와 알바생의 싸움으로 이어졌는지, 대기업과 중소기업의 딜레마를 심화시켰는지를 다루어 보고자 한다. 이를 통해 최저임금 전쟁을 해결하기 위한 논의의 초점이 무엇인지에 대해서도 살펴볼 것이다.

세 번째 파트는 세계의 작동 원리를 토대로 딜레마에 빠진 최저임금 전쟁의 구조적 원인을 해결하는 것에 접근해 봄으로써 최저임금의 실행 원칙, 나아가 이 전쟁에 대한 하나의 해답을 제시할 것이다.

네 번째 파트에서는 논의를 확장시켜 최저임금 전쟁이 끊임없이 넘어야 할 고비를 고찰해 본다.

"왜 다들 최저임금 갖고 난리지? 최저임금 논의의 본질은 뭐지? 최저임금 오르면(혹은 내리면) 무조건 좋은 거 아니야? 최저임금을 비롯한 노동시장, 나아가 경제는 어떻게 움직이는 거지?"라는 질문을 갖고 계신 분들에게 이 책은 단순한 최저임금 전쟁 설명서를 넘어서, 거대한 흐름에서 최저임금과 경제의 뼈대를 이해할 수 있는 기회가 될 것이다. 특히 알바생, 중소기업 근로자, 그리고 이들을 고용하는 중소기업 사장과 자영업자에게는 취업, 구직, 고용, 실업 등 노동 활동 전반을 이해할 수 있는 계기가 됨으로써, 자신만의 경쟁력을 갖추는 데 도움이 될 것이다.

마지막으로 이 책이 나오기까지 정말 많은 도움을 준 여자친구, 부모님과 동생, 감수를 봐 주신 김정호 교수님, 카피라이터 선생님, 출판사 관계자분들, 함께 군 생활했던 동기 및 선후임을 비롯하여 매사에 신경을 써 주었던 주변 분들에게 감사의 말씀을 드리고 싶다.

김도경 2024년

경제 활동에 대한 규제는 대부분 정치적 협상의 결과이다. 최저임금제도만큼 이를 단적으로 보여 주는 사례도 드물다. 최저임금법은 130년 전에 노동자들의 열악한 근로 조건을 개선하기 위해 뉴질랜드에서 처음 도입된 이후 거의 모든 나라로 확대되었고, 우리나라에서는 36년 전에 도입되었다. 대한민국은 아무래도 제도 운용의 역사가 다른 나라에 비해 짧다 보니 현재 최저임금에 대한 사회적 갈등이 상대적으로 큰 것으로 보인다. 그래서 나는 그동안 고용주와 노동자가 최저임금의 취지와 기능을 조금 더 잘 이해한다면 소모적인 사회적 논쟁을 상당히 줄일 수 있을 것이라고 생각해 왔다. 그러던 중 저자가 이 주제로 글을 쓰고 있다는 소식을 듣고 너무나 반갑고 놀라웠다.

나는 원고를 받고 또 한 번 놀랐다.
원고에는 최저임금 인상으로 인해 발생하는 여러 현상이 무엇이고, 고용주와 노동자의 입장은 무엇이며, 대립하는 정치적 견해 아래에서 앞으로 최저임금 인상 폭을 어떻게 결정해야 하는지에 대한 설명이 일상적인 언어로 전개되어 있었다. 사실 최저임금을 얼마나 올려야 하는지에 대한 정답은 없다. 정치적인 선택이 있을 뿐이다. 그렇기 때문에 정치적 선택에 이르는 과정이 중요하고 중립적 입장에서 다양한 견해가 필요하다. 그리고 저자는 그 중요성과 필요성을 충족시키듯, 최저임금제도를 전반적인 소득 재분배 정책의 일부로 보고, 빅사이클 단계에 따라 소득 재분배 정책의 범위와 수준을 조절해야 한다는 주장을 한다. 물론 그 세부적인 내용에 대해서는 반론이 충분히 존재할 수 있을 것이다. 그러나 최저임금이 경제 정책의 전부가 아니고, 고용주와 노동자 개개인의 상호작용을 통해 경제가 장기적으로 순환한다는 사실을 지적한다는 점에서 저자의 주장은 경청할 가치가 있다고 생각한다.

감수 과정에서 가장 어려웠던 점은 최저임금 인상으로 인한 경제적 파급효과에 대한 이론적 논의를 일반 독자가 알기 쉽게 설명하는 방안을 찾는 일이었다. 대학교 학부 수준의 경제학 이론을 그래프 없이 설명하는 것은 불가능에 가까웠다. 다행히 저자는 노동시장의 변화를 직관적으로 서술하는 일에 소홀히 하지 않았다고 생각한다. 그래서 이 부분의 논의에서는 독자가 노동시장의 변화를 직관적으로 이해한다면 그래프 없이도 책 전체 내용을 이해하는 데에 큰 문제가 없을 것이라고 생각한다.

마지막으로 저자의 도전 정신을 칭찬하고 싶다. 학부생으로서 사회적으로 논란이 큰 이슈에 대해서 책을 쓰겠다는 마음을 먹기가 쉽지 않았을 것이다. 그동안 원고 관련한 저자와의 논의를 통해 저자의 배움에 대한 끝없는 열정을 느낄 수 있었다. 저자가 이번 경험을 토대로 계속 정진하여 우리 사회의 앞날을 밝힐 수 있는 지식인으로 성장하기를 기대한다.

김정호_아주대학교 경제학과 교수

2024년

★ 이 책의 핵심 내용에 해당하는 부분은 굵은 글씨로 표시하였다.

★ 경제학적인 내용이 깊게 들어간 부분의 서두에는 아래와 같이 표시를

해 두었다. 가벼운 마음으로 책을 읽고 싶은 독자분들은 해당 부분을

건너뛰거나, 핵심 내용만 훑고 가는 것을 권장한다.

여기서 잠깐!

목   차

Part 1
최저임금 전쟁 설명서

Part 2
최저임금 전쟁의 본질

Part 3

딜레마에 빠진 최저임금 전쟁, 해답은 무엇인가?

Part 4

전쟁은 끝날 수 없다

최저임금
전쟁 설명서

최저임금, 이 딜레마 같은 전쟁에
우리 모두 조금이라도 엮여 있음은 분명하다.

"최저임금 오르면 우리 자영업자는 뭐 먹고살라고!"

치킨집 사장 정훈의 앓는 소리다. 치킨 배달을 마치고 막 돌아온 유진이는 어김없이 사장의 푸념을 들어야 했다. 이 치킨집 알바를 시작한 지 딱 한 달밖에 안 되는 날이지만, 사장이 저러는 이유를 유진이 모를 리 없다. 유진 또한 사장 정훈의 입장이라면 저런 앓는 소리가 당연한 외침이라는 생각이 들었다. 요즘 주변의 상인들이 마치 입에 붙은 말같이 '불경기, 불경기'를 외쳐 대는 것처럼, 치킨집뿐만 아니라 자영업자 사정이 말이 아니기 때문이다.

하긴, 유진이 느끼기에도 하루 종일 치킨집에 들어오는 주문량이 전에 비해 반토막으로 줄어들었다. 설상가상으로 비싼 임대료에 재료비, 그리고 운영비까지 나가고 나면, 남아나는 게 없어 보였다. 그렇다고 사장의 입장에서는 알바생을 쓰지 않을 수도 없는 노릇이었다. 알바생이 없으면 튀김은 누가 튀기며, 서빙은 누가 하고, 배달은 누가 하겠느냐 말이다. 정훈 혼자서 이 모든 일을 감당할 수 없으므로 문을 닫기 전까지는 알바생을 꼭 써야만 한다. 그렇게 자기 손에 쥐는 것 하나 없이 적자 날 것이 뻔한데도 최저임금이라는 명목으로 알바생 임금만 올려 주어야 한다니, 유진이는 자신이 사장이라도 저런 푸념이 나올 수밖에 없다고 생각했다.

그럼에도 유진이는 사장의 앓는 소리에 어이가 없었다. 사장의 입장은 충분히 이해하지만, 마치 자신이 들으라는 소리처럼 들렸기 때문이다. 아니, 나 들으라고 하는 소리가 분명하다고 유진이는 생각했다. "최저임금을 왜 올리냐고? 왜 또 올려…." 며칠 전부터 틈만 나면 사장 정훈은 그 말을 중얼거렸고, 뒤이어 "자영업자는 죽어 나가는데, 누구만 좋으라고 그러냐고?"라는 말이 여지없이 뒤따랐다.

그 사장의 말을 유진이는,

"사장인 내가 왜 돈 벌어서 알바생 주머니만 채워 주냐고?"라는 말로 해석했다.

유진이는 억울했다. 치킨집 장사가 되지 않는 이유가 불경기 때문이 아니라, 마치 "유진이 너 때문이야."처럼 들린 것이다. 유진이는 치킨 배달통을 내려놓고는 의자에 털썩 주저앉았다. 그리고는 누구는 이런 알바나 하고 싶었겠느냐고 입술을 오물거렸다. 유진은 여차여차 수도권 대학에 합격은 했지만, 집에서는 유진의 학비와 생활비 모두를 지원할 처지가 되지 않았다. 그럼에도 대학은 나와야겠고, 또 생활비는 벌어야 할 것 같아 알바를 시작한 것이다. 일단 일을 시작한 것은 다행이었다. 그러나 한 시간 일만 원 언저리의 시급만으로는 턱없이 생활비가 부족했다. 노동에 대한 적절한 임금이 보장되어야 하고, 지금의 최저시급은 반드시 인상되어야 한다고 유진이는 생각했다. 그런데 대놓고 자신 앞에서 최저임금 인상에 대한 불평을 터트리는 사장이 밉상이었다.

유진이는 애석한 마음으로 사장에게 눈길을 돌렸다. 사장 정훈도 유진이를 바라보고 있었다. 그들의 눈이 마주쳤다.

이 이야기는 앞으로 어떻게 전개될까? 정훈과 유진이의 마음을 누그러뜨릴 방법은 없을까? 아쉽게도 아직 묘안이 없다. 단지 유진이와 정훈 모두 최저임금에 대해서 서로 한 치도 더 물러설 수 없는 상황만 있을 뿐이다. 먹고사는 문제가 걸려 있기 때문이다. 실제로 최저임금과 가까운 임금을 받고 살아가는 근로자는 최저임금이 100원이라도 인상되기를, 이들을 고용하는 사장은 적어도 더 오르지만은 않기를 바란다. 그리고 이러한 서로의 적극적인 바람은 전쟁과 같이 격해지기도 한다. 진보와 보수, 노동계와 경영계, 자영업자와 아르바이트생 등이 최저임금이 산정되는 기간만 되면, 의견 차이로 치열하게 부딪치는 이유이다. 마치 '전쟁'을 연상케 할 정도로 말이다.

'최저임금 전쟁'은 비단 유진과 사장에게만 해당되는 이야기가 아니다. 우리 모두가 이 딜레마 같은 전쟁에 조금이라도 엮여 있기 때문이다. 분명, 이 책의 독자 혹은 주변의 지인들 중에서도 최저임금과 가까운 시급을 받으며, 일해 본 경험이 있을 것이다. 또한 주변에 최저임금 이슈에 민감할 수밖에 없는 자영업자의 상황이 어떠한지, 적어도 어깨너머 접해 본 경험이 있을 것이다.

최저임금으로 전쟁같이 치열해진 우리, 과연 '최저임금 전쟁'의 본질과 그 해답은 무엇일까?

본격적으로 최저임금 전쟁의 원인과 본질 그리고 그에 따른 해결 방안이 무엇인지 다루기에 앞서, 이번 파트에서는 최저임금제도를 이해하는 데에 중점을 둘 것이다. 즉 첫 번째 파트는 최저임금이라는 거대 논쟁을 이해하기 위한 일종의 설명서라고 생각하면 된다. 기본적인 경제, 정치, 최저임금제의 내용을 살펴보며, 나머지 챕터에서 다루어 볼 내용의 배경지식을 파악하는 파트이다.

경제와 정치, 그리고 최저임금제

경제는 자원을 생산, 분배, 소비하는 활동으로 '먹고사는 것'을 의미하고, 정치는 이익이나 손해를 분배하는 의사 결정 활동으로 '논의하는 것'을 의미한다. 즉, 최저임금에 대한 논의는 먹고사는 문제가 걸린 경제와 정치적 맥락이 반영된 이야기다.

그러므로 경제와 정치적 맥락이 어떠한 방식으로 최저임금 전쟁에 반영되었는지를 모르면, 최저임금 전쟁의 본질을 이해할 수 없다. 최저임금 전쟁은 단순히 개별 요인으로서 발생한 문제가 아니라, 경제적 요인과 정치적 요인이 결합되어 복합적으로 발생한 문제이기 때문이다.

따라서 이번 챕터에서는 '경제와 정치, 그리고 최저임금제는 어떻게 얽혀 있는가?' 그 답을 찾기 위한 여정을 떠나 보겠다.

최저임금제도는 개개인의 가치관의 집합이다

최저임금제도는 개개인의 가치관의 집합이다. 그러므로 대립은

필수적이다.

우선 최저임금제란 근로자의 생존권과 삶의 질 향상을 위해 근로자에게 최소한 일정 금액 이상의 임금을 지급하도록 강제하는 제도를 말한다.* 그러나 여기서 얼마만큼의 시급을 국가가 보장해 줘야 생존권과 삶의 질 향상이 만족되는지에 대해서 개인 간의 기준이 다르다. 누구는 자녀들의 삶의 질 향상과 생존권을 위해 학원비를 벌 수 있을 만큼, 국가가 최저임금을 설정해야 한다고 생각할 수도 있다. 누구는 숙식만 해결되면 생존권과 행복 추구권이 만족되었다고 느낄 수도 있다.

이렇게 최저임금제도에는 사람들의 가치관이 반영되었으므로, 최저임금제도를 바라보는 사람들 간의 시선이 다를 수밖에 없다. 즉, 가치관 차이가 존재하므로, 서로 대립할 수밖에 없다. 이는 사람들마다 살아온 배경과 처한 상황이 다르기 때문이다.

따라서 국가는 최대한 보편적으로 받아들여질 수 있는 사람들의 가치관에 부합하여, 최저임금 수준을 설정해야 한다. 최대한 많은 사람들이 합리적이라고 느낄 만한 수준으로 말이다. 그렇지 않으면 사회가 혼란스러워질 수 있기 때문이다.

가령 시간당 최저임금을 1억 원으로 설정한다면, 이 사회는 어떻게 될까? 그럴 일도 없겠지만, 만약 그렇게 된다면 사회는 엄청난

---

* 최저임금법 제1조.

혼란에 빠지게 될 것이다.

최저임금제의 토대가 되는 헌법은 마땅히 보편적인 사람들의 가치관에 부합해서 만들어져야 한다. 사람들의 가치관은 최저임금제를 비롯한 모든 법의 뿌리가 되기 때문이다. 그러나 헌법조차도 모든 사람이 받아들일 만한 완벽한 법이라고 단정하기는 어렵다. 결국 헌법 또한 '인간으로서 누려야 할 권리'인 기본권을 보장하는데, 이 기본권에 대한 사람들의 가치관이 다를 수밖에 없기 때문이다. 즉 최저임금제를 비롯한 모든 정책과 법, 그리고 헌법조차도 개개인의 가치관의 집합이므로, 필연적으로 갈등을 불러올 수밖에 없다. 그리고 이러한 갈등 때문에 종종 가슴 아픈 일이 생기기도 한다.

하지만 이러한 갈등이 부정적인 기능만 가진 것은 아니다. 순기능도 가지고 있다. 사람들은 첨예한 공방전을 통해 서로의 논리 중 일부분을 받아들이기도 하고, 각자의 부족한 점을 보완하고 수정하여 더 탄탄한 방법을 찾게 될 수도 있다. 갈등은 단순한 소란이 아니라 전보다, 더 나아지고 발전된 최선의 정책으로 이끄는 과정이다. 물론 의미 있고 실질적인 갈등을 하는 것이 중요하지만 말이다.

경제와 정치는 어떻게 얽혀 있을까?

유유상종(類類相從). 이는 비슷한 사람들끼리 모여 무리를 이룬다는 뜻의 사자성어이다. 이 사자성어처럼 사람들은 본인과 비슷한 처지에 있는 사람, 본인과 비슷한 가치관이 있는 사람끼리 무리를 이루고 집단을 형성한다. 즉, 지향하는 바가 비슷한 사람들끼리 모이는 것이다. 그리고 더 많은 사람들이 모여 더 큰 집단을 이루게 되면 정당이 형성된다. 정치적인 목적의 집단이 이루어지는 것이다.

정치란, 특별한 행위가 아닌 매우 일상적인 행위이다. 이를테면 친구들끼리 오늘 점심으로 짜장면과 짬뽕 중 어느 것을 먹을지에 대한 논의도 정치에 해당한다. 의사 결정을 하기 위한 모든 활동이 정치이기 때문이다. 조금 어려운 말로 정의하면, 정치란 개인이나 집단 간 이해관계의 갈등이나 대립을 조정하고 해결하는 과정이다. 혹은, 부, 권력, 명예 등 사회적 희소가치를 권위적으로 배분하는 과정이다.

경제학자이자 철학자인 카를 마르크스(Karl Heinrich Marx)에 따르면, 이러한 모든 정치의 행위에는 경제적 이해관계가 반영되었다고 하였다.[1] 다시 말해서, **정치는 '경제적 손해를 최소화함과 동시에 최대의 경제적 이익을 얻을 수 있도록 자신에게 유리한 규칙을 설정하려는 행위'이다.** 더 나아가서 해석해 보면, 정치적 집단은 이러한 경제적 논리에 따라서 공통된 뜻을 공유하는 사회 구성원에 의해 형성된 것이다. 더 좋은 집에서 살기 위해, 더 맛있는 음식을 먹기 위해, 더 편히 살기 위해, 더 많은 자원을 누리기 위해, 더 큰 경제적 이익을 얻기 위해서 서로가 뭉친 것이라는 의미이다.

그리고 세상에는 너무나 많은 정치적 집단이 존재하지만, 전통적으로 대표적인 정치 진영으로는 진보와 보수가 있다. 바로 좌우 (left-right)의 개념이다. 좌우의 개념은 폭넓게 사용되고 있지만, 엄밀하게 말하자면 이 개념은 경제적, 물질적 가치의 배분과 관련되어 있다.[2] 그리고 이러한 진보와 보수의 가치관은 최저임금제를 비롯한 모든 규칙이나 법을 설정하는 과정에 반영되어 있다. 즉, 최저임금제에도 경제와 정치적 맥락이 반영되어 있다는 뜻이다. 물론 경제적, 물질적 기준으로만 진보와 보수를 구분할 수 있는 건 아니라는 점을 말하고 싶다.

그렇다면 진보와 보수가 추구하는 경제적 가치관은 어떻게 다를까? 그리고 이 경제적 가치관이 최저임금제에는 어떻게 반영되어 있을까? 이 질문에 대한 답을 말하기에 앞서, 먼저 경제의 개념을 간략히 살펴봐야 한다.

분명 경제에 조금이라도 관심을 가졌다면, 영국 경제학자 애덤 스미스의 《국부론(The Wealth Of Nations)》과 '보이지 않는 손(Invisible Hand)'을 한 번쯤은 들어 보았을 것이다. 그는 국가가 사유 재산을 보장해 주고, 시장이 정부의 규제를 받지 않고 자율성을 확보하도록 한다면, 국가의 부는 자연스럽게 늘어날 것이라고 주장했다.

보이지 않는 손의 원리를 차근차근 이해하기 쉽도록 설명해 보면 이렇다. 우선 보이지 않는 손의 정의는 재화나 서비스의 가격을 시장에 맡겨야, 공급과 수요가 적절히 조화되어서 최선의 경제적 형태로 성장한다는 이론이다. 여기서 공급은 재화나 서비스를 팔고자 하는 의지, 수요는 그 재화나 서비스를 사고자 하는 사람들의 의지를 말한다.

그리고 애덤 스미스에 따르면, 재화나 서비스의 가격과 거래량을 완전경쟁시장(Competitive Market)에 자율적으로 맡기면, 시장의 균형은 다음의 그래프와 같이 공급과 수요가 만나는 지점에서 형성된다. 즉, 가격과 거래량은 가장 효율적으로 본인의 위치를 찾아간다. 참고로 여기서 완전경쟁시장이란 소비자와 판매자가 아주 많아서 개별 소비자나 판매자가 시장 가격에 영향을 미치지 못하는 시장을 말한다.

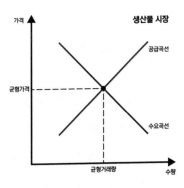

[완전경쟁시장 그래프]

예컨대, 시장에서의 치킨 가격을 2만 원이라고 가정해 보자. 그런데 만약에 치킨 가격을 만 원으로 내리게 된다면 당연히 가격이 낮아지니 수요는 증가할 것이다. 반면 사장 정훈과 같은 치킨의 공급자는 가격이 낮아짐으로 인해 이윤이 적어져 공급을 줄이게 될 것이다. 이렇게 되면 치킨을 파는 사람보다 사려는 사람이 많아지게 되는 '초과수요' 현상이 발생하게 된다. 그러나 이 초과수요 현상은 얼마 가지 않으며, 다시 시장은 균형을 찾게 된다. 왜냐하면 치킨을 간절히 원하는 사람들은 만 원보다 높은 가격으로라도 사려고 할 것이고, 그에 따라서 점차 시장은 치킨의 가격 인상과 공급 증가, 그리고 동시에 가격 인상으로 인한 수요의 위축이 발생하면서 다시 균형 가격으로 이동할 것이기 때문이다.

이와 반대 상황도 마찬가지다. 만약에 치킨의 가격이 5만 원이 된다면, 당연히 가격이 비싸지니 치킨을 사는 사람보다 팔려는 사람이 많아지게 되는 '초과공급' 현상이 발생할 것이다. 그러나 다시 시장은 균형을 찾을 것이다. 왜냐하면 공급자들은 '치킨이 팔리지 않으면 버려야 하잖아. 그럴 바에는 가격을 내려서라도 팔아야겠어.'라고 생각할 것이기 때문이다. 그러므로 공급자들은 남은 치킨을 버리기보다는 어떻게든 팔기 위해 치킨 가격을 낮추려 할 것이고, 그에 따라서 다시 시장은 가격 하락과 공급 하락, 그리고 동시에 가격 하락으로 인한 수요의 확대가 발생하면서 균형으로 이동할 것이다.

즉 '보이지 않는 손'은 재화나 서비스의 가격과 생산량을 시장에 자율적으로 맡겨야 한다는 이야기다. 왜냐하면 공급자와 수요자가 각각의 이익을 추구하더라도, 앞서 치킨을 예로 들었던 것과 같이 시장의 자동 조절 능력 덕분에, 시장에서는 최선의 생산과 소비가 이루어지기 때문이다. 그리고 이는 곧 공공의 이익을 의미한다. 즉, 공급자는 균형 가격으로 최대의 이윤을, 수요자는 최대의 만족을 이루게 된다.

이렇게 애덤 스미스가 이야기하는 바와 같이, 보수는 통상적으로 시장의 자율성을 중시한다. 그리고 이를 대표하는 경제체제로는 신자유주의가 있다. 신자유주의는 정부의 역할을 최소화한다면, 가장 자율적인 시장이 되어 최고의 효용이 발생할 것이라 주장하는 경제체제이다. 예컨대 세금 인하 등의 정책으로 정부 개입을 최소화함으로써, 시장의 자율성을 확대하고자 한다. 즉, 분배보다는 성장을 중요시하는 것이다. 이러한 특성으로 보수와 신자유주의를 선호하는 계층은 주로 자본과 기업을 소유하고 있는 사회의 기득권 세력인 경향이 있다. 아무래도 부의 분배를 위해 자본과 기업 활동에 부과되는 세금이 증가되는 것보다, 기업가와 자본가에게는 세금이 하락하는 것을 선호하기 때문이다.

정리하자면, **보수는 신자유주의 경제체제와 더불어 성장, 시장, 자본과 기업을 강조한다. 또한 대체로 시장에서 재화나 서비스를**

파는 공급자에 가깝기 때문에 공급 측면을 강조하는 경향이 있다.

반면 진보는 통상적으로 시장의 자율성만으로 시장이 제 기능을 할 수 없다고 믿으므로, 정부의 개입을 중시한다. 그리고 이를 대표하는 경제체제로는 수정자본주의가 있다. 수정자본주의는 "시장이 제 기능을 할 수 있으려면 정부가 적재적소에 개입함과 동시에, 특히 정부가 사회복지 확대를 토대로 수요를 창출해야만 된다."라고 주장하는 경제체제이다. 예컨대 수정자본주의를 주장하는 사람들은 세금 인상 등의 정책으로 부의 분배를 추구한다. 즉, 성장보다는 분배를 중요시하는 경제체제이다. 이러한 특성으로 진보와 수정자본주의를 선호하는 계층은 주로 사회의 비기득권 세력인 경향이 있다. 아무래도 기업가나 자본가에 비해 소득이 낮으므로 부의 분배를 추구하기 때문이다.

정리하자면, **진보는 수정자본주의 경제체제와 더불어 분배, 정부, 노동과 근로를 강조한다. 또한 대체로 시장에서 재화나 서비스를 사는 수요자에 가깝기 때문에 수요 측면을 강조하는 경향이 있다.**

다음은 진보와 보수의 경제적 가치관을 도식화한 자료이다.

보수 – 신자유주의	진보 – 수정자본주의
성장, 시장, 자본과 기업, 공급 측면 강조	분배, 정부, 노동과 근로, 수요 측면 강조

[진보와 보수의 경제적 가치관]

실제로 정부의 시장 개입 수준과 기업의 공급 측면 장려 정도를 판단하는 데 쓰이는 [미국 법인세율* 추이]를 보면, 일반적으로 보수 대통령이 집권한 시기에는 법인세가 감소했고, 진보 대통령이 집권한 시기에는 법인세가 상승했다. 다만 주의할 것은, 앞에 정리된 도식과 같이 진보와 보수가 선호하는 우선 가치가 분류되는 경향성이 있다는 것이지, 항상 특정 정당의 우선 가치가 앞의 분류와 같지는 않다.

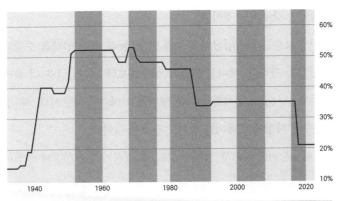

	인상	동결	인하
진보-민주당 법인세	4번	2번	2번
보수-공화당 법인세	0번	4번	3번

[미국 법인세율 추이]

---

* 정부가 기업에 부과하는 세금으로, 법인세가 높아질수록 정부의 시장 개입 수준이 높아지는 반면, 기업의 공급 측면 장려 정도는 낮아진다.

진보와 보수가 선호하는 최저임금제도는?

지금까지 진보와 보수의 경제적 가치관에 대해 알아보았다. 이들의 경제적 가치관이 최저임금제에는 어떻게 반영되어 있을까?

먼저 대체적으로 진보는 최저임금 인상을 주장하는 경향이 있다. 그 이유는 최저임금을 받는 노동자들의 임금이 상승해야 빈부격차가 줄어듦에 따라, 부의 분배 수준이 개선되고, 이 점이 유효수요의 증가로 이어져 경제가 활력을 얻을 것이라 믿기 때문이다. 분배 측면을 강조하는 것이다.

반면, 보수는 최저임금의 소극적 인상, 동결, 혹은 인하를 주장하는 경향을 가진다. 왜냐하면 물가 상승률보다 최저임금을 더 올리는 정책은 시장의 질서를 흐리는 행위라고 여기기 때문이다. 즉, 신자유주의 사상에 위배되는 행위로 간주한 것이다.

신자유주의에 따르면, 임금은 가격과 마찬가지로 시장에서 정해지는 수요와 공급의 논리로 이루어질 수 있도록 해야 한다. 그런데 최저임금을 설정해 버리면, 시장의 원리를 거스르는 꼴이 된다. 이에 더해, 기업가나 자본가의 입장에서 최저임금 인상은 인건비가 늘어나는 것이기 때문에 최저임금 인상을 반기지 않는 것이다. 해당 내용을 표로 정리하면 다음과 같다.

| 진보 | 최저임금 인상 | ▶ | 분배 수준 개선 | ▶ | 경제에 긍정적인 영향으로 해석 |
| 보수 | 최저임금 인상 | ▶ | 시장질서 위배 | ▶ | 경제에 부정적인 영향으로 해석 |

[진보와 보수가 선호하는 최저임금 정책]

실제로 다음의 [진보/보수 최저임금 인상률 비교] 자료를 보면, 한국 IMF 외환위기 이후인 1999년부터 2024년까지, 보수 집권 시기보다 진보 집권 시기의 물가 대비 최저임금 인상률이 약 2배 정도 더 높았다. 다만 이전과 마찬가지로 주의할 것은, 앞에 정리된 도식표와 같이 진보와 보수가 선호하는 최저임금 정책이 분류되는 경향성이 있다는 것이다. 항상 특정 정당의 최저임금 정책이 이와 같지는 않다.

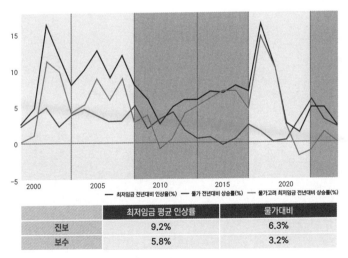

	최저임금 평균 인상률	물가대비
진보	9.2%	6.3%
보수	5.8%	3.2%

[진보/보수 최저임금 인상률 비교]

이처럼 최저임금제에 대한 각 정치 진영의 입장 차이가 존재한다. 그리고 이러한 입장 차이는 각 사회 구성원들의 경제적, 정치적 맥락 차이에서 비롯된 것이다. 즉, 현재 본인이 어떠한 상황에 놓여 있는지, 현재 상황을 어떻게 해석했는지에 따라서 가치관이 결정되는 것이며, 이러한 가치관 차이가 정치적 성향을 넘어서 최저임금제에도 반영되었다고 생각하면 된다. 결국에는 '최저임금 전쟁'도 사회 구성원들 간의 가치관 차이에서 시작되었기 때문이다.

완전경쟁 VS 수요독점 노동시장

여기서 잠깐!

경제학 비전공자로서 책을 편하게 읽고 싶다거나, 혹은 최저임금제가 노동시장의 종류(완전경쟁 노동시장, 수요독점 노동시장)에 따라 어떤 효과를 내는지 안다면 **이번 챕터를 뛰어넘길 권장한다.**

한국뿐만 아니라, 최저임금제를 시행하고 있는 많은 국가들은 경제 효과를 최대화하기 위해 적정한 최저임금 수준을 결정하고자 많은 노력을 기울이고 있다. 그래서인지 노동경제학 분야에서 가장 많이 논의되고 있는 주제들 중 하나가 최저임금 인상의 효과이다. 따라서 이번 챕터에서는 경제학에서 논의되는 최저임금 인상 효과에 관해 다루어 보고자 한다. 이론적 논의를 본격적으로 시작하기 앞서, 이번 챕터의 주제 의식을 관통하는 질문을 던져 본다.

"어느 경제 환경 및 조건에서, 적절히 얼마나 최저임금을 올려야 할까?"

최저임금에 관한 목소리가 지속적으로 뜨거웠던 이유도 결국, 위 질문에 대한 생각이 다르기 때문이다. 서로가 주관적으로 느끼는 적절한 환경 및 조건, 적정 인상 수준은 상이할 수밖에 없다. 이는 서로가 각자 다른 삶을 살아왔으니 당연한 이야기다. 그러나 이번 챕터에서는 위와 같은 질문에 노동경제학자들이 공통적으로 어떠한 일치된 견해를 형성하고 있는지 확인해 보려 한다.

기업은 왜 고용을 할까?

최저임금의 인상 효과를 살펴보기 앞서, 우선 기업이 노동자들을 고용하려는 이유부터 알아볼 필요가 있다. 이유는 간단하다. 치킨집 사장이 치킨을 팔기 위해서는 치킨 재료와 치킨 기계뿐만 아니라, 치킨을 튀길 노동력이 필요하기 때문이다. 그리고 이렇게 노동, 자본 등을 사고파는 시장을 생산요소시장이라고 한다. 이 중 노동력을 사고파는 시장을 노동시장, 치킨과 같이 재화나 서비스를 사고파는 시장은 생산물시장이라고 한다.

일반적으로 다음의 자료와 같이 기업과 가계는 생산요소시장과 생산물시장에서 상호작용을 한다. 기업은 생산물을 공급하는 데 필요한 생산요소를 가계*로부터 공급받으며, 가계는 생산요소를 공

---

* 경제생활 단위로서의 가정 또는 가족을 지칭하는 개념이다.

급해 주는 대가로 기업으로부터 소득을 얻는다. 다시 말해서 사장 정훈이 치킨을 팔기 위해 알바생으로부터 노동력을 공급받으며, 알바생인 유진은 노동력을 공급해 주는 대가로 사장으로부터 임금을 받는 것이다.

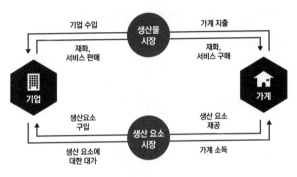

[경제 활동의 순환]

또한 기업이 생산물시장에 재화나 서비스를 공급하기 위해서 이렇게 노동과 같은 생산요소를 구하려고 하는 것을 파생수요라고 한다. 즉, 노동력을 구하고자 하는 기업의 노동수요는 파생수요인 것이다. 예컨대, 정훈이 치킨을 공급하기 위해 알바생을 고용하고자 하는 것이 파생수요인 것이다.

정리하자면 기업은 돈을 벌기 위해 생산물을 팔고, 생산물을 생산하기 위해서는 노동자들을 고용해야 하므로 노동시장이 탄생한다. 쉽게 말해서 사장이 알바생을 고용하는 이유는 치킨을 팔기 위함이고, 그에 따라서 노동력을 사고파는 노동시장이 탄생한 것이다. 더불어 상품시장에서 공급자는 기업, 수요자는 가계이지만, 요소시장에서 공급자는 가계, 수요자는 기업이다. 왜냐하면 생산물인 치킨을 시장에 공급하는 사람은 정훈과 같은 치킨 기업이지만, 생산요소인 노동을 시장에 공급하는 사람은 알바생인 유진과 같은 가계의 구성원이기 때문이다.

완전경쟁 노동시장: 고용은 줄지만, 총임금은 늘어날 수 있다

이제부터는 '어느 경제 환경 및 조건에서, 적절히 얼마나 최저임금을 올려야 하는지' 알기 위해서 최저임금 인상이 노동시장별로 미치는 효과를 살펴보려 한다.

우선 대표적인 노동시장 중 하나는 완전경쟁 노동시장이다. 앞서 완전경쟁시장이란 소비자와 판매자가 너무 많아서 개별 소비자나 판매자가 시장 가격에 영향을 미치지 못하는 시장이라고 했는데, 완전경쟁 노동시장도 비슷한 구조를 가지고 있다. 노동공급자(가계)와 수요자(기업)가 너무 많아서 개별 공급자나 수요자가 노동의 가격, 즉 임금에 영향을 미치지 못하는 시장이다.

예컨대 정훈과 같은 치킨집 사장, 그리고 유진과 같은 알바생이 너무 많아서 이들이 자신의 마음대로 임금을 정할 수 없는 것과 같다. 정훈이 알바생을 시간당 100원에 고용하고자 한다고 해서, 반대로 유진이 시간당 1억 원을 받고 싶어 한다고 해서 각자가 원하는 만큼의 임금을 정하는 것은 불가능하다. 그러므로 완전경쟁 노동시장은 다음과 같은 그래프의 모습을 보인다.

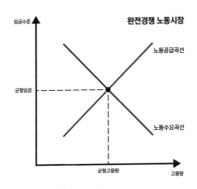

[완전경쟁 노동시장 균형 그래프]

그렇다면 완전경쟁 노동시장에서 개별 기업은 어떻게 고용량과 임금 수준을 결정할까?

우선 기업은 한계요소비용(Marginal Factor Cost)과 한계수입생산(Marginal Revenue Product)이 일치하는 지점에서 고용량과 임금 수준을 결정한다. 여기서 한계수입생산(MFC)이란 한 명을 더 고용하였을 때 발생하는 수입의 증가분을 의미하고, 한계요소비용(MRP)이란 한 명을 더 고용하였을 때 발생하는 총비용의 증가분을 의미한다.

가령 치킨집 사장 정훈이 알바생 한 명을 더 고용했을 때, 지출하는 인건비(MFC)보다, 알바생 한 명을 더 고용했을 때 발생하는 수입(MRP)이 더 크다면 고용을 늘릴 것이다. 그러나 그렇게 계속 알바생을 고용하다가 어느 순간 알바생 한 명을 추가적으로 고용했을 때, 발생하는 수입(MRP)과 지출하는 인건비(MFC)가 같은 수준까지 왔다고 가정해 보자. 그러면 정훈은 알바생을 그만 고용할 것이다. 왜냐하면 알바생 한 명을 더 고용하게 되는 이상, 벌어들이는 수입보다 비용이 더 커지기 때문이다.

또한 완전경쟁 노동시장에서 개별 기업은 그 노동시장에 있는 모든 기업의 총고용량에 비해서는 매우 적은 비율을 차지하기 때문에, 개별 기업은 자신의 고용량에 따라서 고용에 대한 시장 임금이 변하지 않는다는 가정하에 고용량을 결정한다. 왜냐하면 앞서 사장 정훈과 유진이의 경우를 예로 들었듯이, 이들과 같은 사장과 알바생이 너무 많아서 정훈의 마음대로 임금을 정할 수 없기 때문이다. 즉, 치킨집 사장과 같은 개별 기업의 입장에서 MFC는 시장으로부터 주어진 것이므로, 그래프상 MFC곡선은 수평을 이룬다. 그리고 여기서 MFC곡선은 개별 기업이 직면한 노동공급곡선을 나타내는데, 그 이유는 인건비 지출을 늘림에 따라 해당 기업에 대한 노동의 공급도 늘어나기 때문이다.

더불어 MRP곡선은 개별 기업이 직면한 노동수요곡선을 나타내고 우하향하게 된다. 그 이유는 생산량 수확 체감의 법칙[*]이 적용되어 고용량이 확대됨에 따라 점차 생산성이 줄어듦으로, 기업 또한 고용량을 확대하게 되면서 노동에 대해 지불하는 임금도 낮추기 때문이다. 그리고 이것은 기업이 얼마나 임금을 지불하고 고용할지에 관한 이야기, 즉 노동수요에 관한 이야기이므로 MRP곡선은 노동수요곡선을 나타낸다.

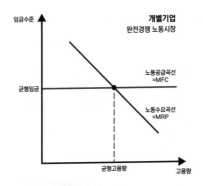

[개별기업 입장에서의 완전경쟁 노동시장 그래프]

---

* 수확 체감의 법칙이란 자본과 노동 등 생산요소가 한 단위 추가될 때 이로 인해 늘어나는 한계생산량은 점차 줄어든다는 것을 말한다. 예컨대 더 많은 빵을 생산하기 위해 주방에 요리사를 늘린다면, 처음에는 빠른 속도로 빵의 생산량이 늘어날 것이다. 하지만 어느 순간 주방에 요리사가 너무 많아짐에 따라 주방이 붐비게 된다면, 효율성이 떨어져 요리사를 늘려도 그만큼 빵의 생산량은 늘어나지 않을 것이다.

그렇다면 여기서 최저임금을 실행하면 어떤 변화가 생길까?

결론부터 말하자면, 고용은 무조건 줄지만, 노동수요의 탄력성(Elasticity)에 따라서 노동자들이 받는 총임금은 늘어날 수 있다. 우선 그 이유를 본격적으로 설명하기 전에 탄력성의 개념부터 짚어보자.

'탄력적이다'라는 뜻은 변화에 민감하게 반응한다는 의미이다. 다시 말해서 가격 변화에 대한 시장의 반응이 크다는 것이다. 예컨대 공급곡선이 탄력적이라면, 시장에서 형성되는 균형 가격이 변화하였을 때, 재빠르게 그 가격 변화에 따라서 공급량이 크게 줄어들거나 늘게 된다. 수요곡선 또한 마찬가지이다. 수요곡선이 탄력적이라면, 시장에서 형성되는 균형 가격이 변화하였을 때 재빠르게 그 가격 변화에 따라서 크게 수요량이 줄어들거나 늘어나게 된다. 그리고 탄력성의 절댓값이 1 이상일 경우 시장이 탄력적이라고 하며, 탄력적일수록 곡선의 기울기가 수평에 가깝게 된다.

보통 사치품들이 탄력적인 시장에 해당한다. 가령 고급 시계와 같은 사치품은 높은 가격대를 가지고 있기 때문에 가격이 상승하면 많은 소비자가 구매하기를 꺼릴 것이고, 반대로 가격이 하락한다면 더 많은 사람들이 구매하려고 할 것이다. 그리고 저렴한 시계라는 대체 상품이 존재하므로, 사람들의 수요는 사치품의 가격에 민감하게 반응할 수밖에 없다. 즉, 사치품 시장에서 수요곡선은 탄력적이라는 뜻이다. 마찬가지로 공급곡선 또한 비교적으로 사치품 시장에서는 탄력적이다. 토지, 농작물, 석유, 에너지 자원 등에 비해 가격 변화에 따라서 상대적으로 쉽게 공급량을 조절할 수 있기 때문이다.

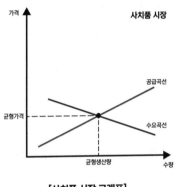

[사치품 시장 그래프]

반면 '비탄력적이다'라는 뜻은 변화에 둔감하다는 의미이다. 수요곡선과 공급곡선의 기울기가 가파를수록 비탄력적 시장이라고 말한다. 그리고 보통 탄력성의 절댓값이 0~1일 경우 시장이 비탄력적이라고 하며, 비탄력적일수록 곡선의 기울기가 수직에 가깝다.

대표적으로 대체재가 없는 필수품이 이에 해당된다. 예컨대 쌀 값이 비싸든, 저렴하든 사람들은 어느 정도의 양을 필수적으로 구매한다. 쌀값이 비싸졌다고 해서 쌀을 아예 안 사지 않고, 쌀값이 저렴해졌다고 해서 쌀을 왕창 사지는 않는다. 항상 적당히 구매할 수밖에 없다. 이는 필수품 시장의 수요곡선이 비탄력적이라는 것을 의미한다. 동일하게 공급곡선도 대체적으로 필수품 시장에서 비탄력적이다. 석유, 농작물, 토지 등과 같이 필수적인 재화에 해당되는 것들은 가격 변화에 따라서 유동적으로 공급량을 바꿀 수 없다. 예컨대, 쌀의 생산량을 당장 한 달 만에 기하급수적으로 늘리는 것은 불가능하다. 그러나, 가방과 같은 사치품 등은 비교적 쌀에 비해서 공급량을 조절하기 쉬울 것이다. 다음은 비탄력적인 시장의 수요와 공급곡선의 그래프이다.

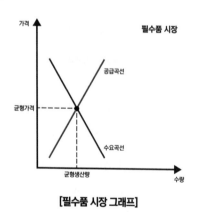

[필수품 시장 그래프]

　　이렇게 탄력성을 이야기한 데에는 이유가 있다. 노동시장의 탄력성에 따라 최저임금제를 실행하였을 때, 발생하는 손실과 이익이 다르기 때문이다. 특히 완전경쟁 노동시장에서는 노동수요의 탄력성에

따라 최저임금제를 실행하였을 때 발생하는 손실과 이익이 다르다.

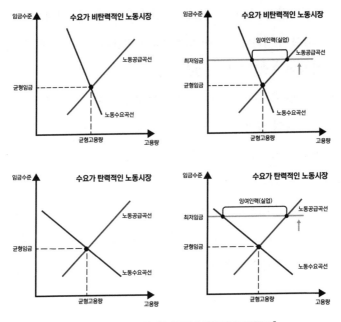

[노동수요 탄력성에 따른 최저임금제 실행 결과 그래프 1]

이 그래프 자료의 위쪽은 노동수요가 비탄력적인 노동시장, 아래쪽은 노동수요가 탄력적인 노동시장의 그래프이다. 수요와 공급곡선이 만나는 지점은 노동을 사용하는 데에 대한 가격, 즉 임금이다. 이제 여기서 정부가 최저임금을 도입했다고 가정해 보자. 최저임금이 도입됨에 따라 임금의 하한선이 설정되면 우측에 있는 그래프처럼 된다. 정부가 자연적으로 형성되는 임금보다 더 높은 기준점을 잡아 버린 모양이다. 따라서 기업들은 상승한 임금만큼 기존의 근로자 모두에게 돈을 지불할 수 없으므로 일부 근로자를 해고하게 된다.

그래프에 나타나 있듯이 노동수요가 비탄력적인 시장에서는 임금이 많이 오르든 말든 기업은 고용량을 크게 조정하지 않는다. 임금이 많이 올랐다고 해서 기업이 근로자를 많이 해고하지도 않고, 임금이 많이 떨어졌다고 해서 근로자를 많이 고용하지도 않는다. 반면 노동수요가 탄력적인 시장에서는 임금이 조금 올라도 기업은 고용량을 크게 줄인다.

결국 최저임금 인상의 관건은 최저임금 인상으로 인해 해고된 일부 근로자들의 전체 임금 감소분이 클지, 해고로부터 살아남은 근로자들의 전체 임금 증가분이 어느 정도 클지에 따라 달려 있다. 그

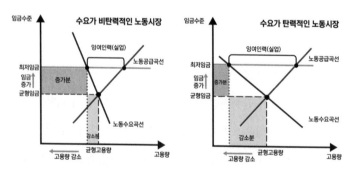

[노동수요 탄력성에 따른 최저임금제 실행 결과 그래프 2]

리고 완전경쟁 노동시장이라는 조건 아래에서 그 판단 기준은 노동수요의 탄력성이다. 즉 실업을 감당하고서라도 최저임금을 올리는 게 현명한 선택인지는 노동수요의 탄력성에 따라 결정된다.

앞 자료처럼 **노동수요가 비탄력적인 노동시장에서 최저임금을 인상하게 되면 생각보다 실업자가 적게 발생한다. 즉, 실직한 근로자들의 총임금 감소분보다 해고로부터 살아남은 근로자들의 총임금 증가분이 더 크다.** 노동수요가 비탄력적인 시장에서 최저임금을 설정하게 된다면 실직으로 인해 일부 근로자들은 임금 소득이 없어져 힘들겠지만, 해고되지 않은 근로자들은 더 많은 임금 소득을 얻을 수 있는 것이다.

따라서 1) 저임금 노동자의 총임금 확대 여부와 2) 고용량 확대 여부를 토대로, 수요가 비탄력적인 완전경쟁 노동시장에서 최저임금 인상의 효과를 다음과 같이 정리해 볼 수 있다. **노동수요가 비탄력적인 완전경쟁 노동시장에서 최저임금 인상은 1) 저임금 노동자들의 총임금을 증가시킨다. 2) 그러나 최저임금 인상으로 일부 기업이 고용량을 줄이게 됨에 따라, 저임금 노동자 중에서도 경쟁력이 뒤떨어지는 일부 노동자가 실직될 수 있다.**

수요독점 노동시장: 고용과 임금 모두 늘어난다

수요자와 공급자가 너무 많아서 시장의 임금에 영향을 못 미치는 완전경쟁 노동시장과 달리, 오직 하나 혹은 소수의 기업이 존재하는 수요독점 노동시장에서 최저임금제를 실시하게 되면, 효과는 비슷하지만, 약간은 다른 결과를 불러온다. 시장 형태에 따라서 최저임금 인상이 발휘하는 효과가 다르다는 이야기이다. 조금은 복잡하지만, 어떠한 구체적인 논리로 최저임금제가 각각 완전경쟁 노동시장과 수요독점 노동시장에서 다른 효과를 내는지 알기 위해 차근차근 짚어 보도록 하겠다.

먼저 수요독점기업이란, 특정 업종이나 지역에 오직 하나 혹은 소수의 기업이 존재하는 노동시장을 의미한다. 보다 일반적으로 기업의 입장에서 우상향하는 노동공급곡선을 직면하고 있는 경우, 즉 더 많은 근로자를 고용하기 위해서는 반드시 임금을 올려야 하는 경우를 수요독점적이라고 이야기한다. 완전경쟁 노동시장에서 주어진 임금으로 원하는 만큼의 근로자를 고용할 수 있는 개별 기업과는 반대의 상황이다.

예컨대 조선업으로 먹고사는 거제시의 시민들 중 대부분은 조선소에서 근무한다. 그리고 이곳에는 삼성중공업, 한화오션(전 대우조선해양), 딱 두 개의 조선소가 있다. 따라서 이 두 기업들은 거의 일방적으로 임금을 책정할 수 있는 시장 지배력을 갖는다. 설령 이 두 기업이 임금을 낮게 책정하더라도, 거제시 주민들은 쉽게 거제시를 떠나지 못하기 때문에 울며 겨자 먹기식으로 계속 근무를 할 것이다. 하지만 반대로 더 많은 지역 주민을 조선소에서 일하도록 하려면, 현재 일을 하고 있지 않은 사람들이 기꺼이 일을 할 수 있도록 임금을 더 올려야 한다. 즉, 기업의 노동공급을 늘리려면 임금을 올려야 하는 상황, 노동공급곡선이 우상향하는 상황이다. 이처럼 사용자가 임금을 자기 마음대로 책정할 수 있는 시장 지배력을 갖고 있으면 적어도 어느 정도는 수요독점이라고 할 수 있다. 따라서 수요독점기업은 다음과 같은 그래프를 보인다.

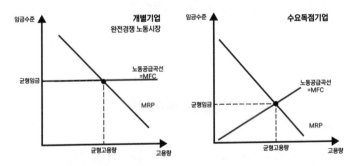

[개별기업 입장에서의 완전경쟁 노동시장 그래프와 수요독점기업의 그래프]

그리고 수요독점 노동시장에서도 마찬가지로, 기업은 이윤을 최대화하기 위해 MFC곡선과 MRP곡선이 일치하는 지점에서 고용량을 정하고, 그에 따라서 임금이 결정된다.

하지만 모든 근로자에게 동일한 임금을 지불하는, 즉 임금에 대해 차별을 하지 않는 수요독점기업은 한 가지 특징이 존재한다. 그것은 바로 임금의 차별이 없는 수요독점 노동시장에서 MFC곡선은 더 이상 노동공급곡선을 나타내지 않는다는 것이다. 왜냐하면 모든 근로자에게 일정 임금을 지급하는 수요독점기업은 한 명의 근로자를 추가로 고용하고자 할 때, 모든 근로자에게 지불하는 임금을 다 같이 올려 줘야 하기 때문이다. 다음의 예시 표를 통해 이해를 돕겠다.

시간 당 임금 (달러)	기업이 직면하는 노동공급 = 해당 임금을 받고 기꺼이 일할 의향이 있는 근로자 수	총비용 = 임금 x 근로자수	MFC = 고용의 한계요소비용
4	0	0	
5	1	5	5
6	2	12	7
7	3	21	9

[수요독점기업 예시 표]

앞의 자료에 따르면, 4달러의 임금에서는 아무도 일을 하려고 하지 않는다. 5달러에서는 한 명이 일하고자 한다. 그러나 이 기업의 임금이 5에서 6달러로 상승할 때, 이 기업에서 일하고자 하는 사람이 1명에서 2명이 늘어난다고 한다. 따라서 이 기업이 한 명을 더 고용하고자 한다면 지불해야 하는 임금은 총 12달러로, 평균임금은 6달러이다. 왜냐하면 두 사람의 임금을 차별하지 않고 동일하게 지불해야 하기 때문이다. 하지만 이 기업의 고용량이 1명에서 2명으로 늘었을 때, 한계요소비용(MFC)은 평균임금보다 더 올랐다. 왜냐하면 고용량이 1명에서 2명으로 늘어남에 따라 총비용이 5달러에서 12달러로 늘었으므로, 한 명을 더 추가하였을 때 발생하는 비용이 7달러가 되었기 때문이다. 즉 평균임금이 5에서 6달러로 올랐을 때, 한계요소비용(MFC)은 5에서 7달러가 되었다.

따라서 임금의 차별이 없는 수요독점기업의 MFC곡선은 기업의 노동공급곡선보다 커진다. 그러므로 기업이 고용 규모를 확장함에 따라 더 높은 한계 비용을 지불하게 된다. 이는 노동공급곡선이 더 이상 고용의 MFC곡선이 아니라는 것을 의미한다. 왜냐하면 MFC곡선이 노동공급곡선을 나타내는 임금보다 빠르게 커지기 때문이다. 이를테면 임금은 5에서 6달러로 상승하는데, 한계요소비용(MFC)은 5에서 7달러로 상승하니까.

한편, 기업은 최대의 이윤을 실현하기 위해 MFC곡선과 MRP곡선이 일치하는 지점에서 고용량과 임금을 결정한다. 다음의 [수요독점기업의 시장균형 그래프] 자료와 같이 균형(W1, L1)을 형성한다. 그러나 이 균형은 노동공급량을 해소할 수 없다. 노동공급곡선과 MRP곡선이 만나는 지점은 L1보다 더 오른쪽에 있기 때문이다.

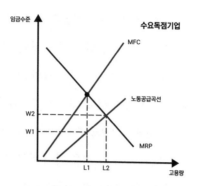

[수요독점기업의 시장균형 그래프]

　만약 기업이 여기서 더 많은 근로자를 고용하고자 하더라도 고용을 확대하게 되면, 한계요소비용(MFC)은 한계수입생산(MRP)을 초과하게 된다. 그래프상에서도 L1 지점의 오른쪽을 보았을 때, MFC곡선이 MRP곡선보다 크다. 즉, **임금의 차별이 없는 수요독점기업이 고용을 늘리게 되면 수입보다 비용이 커지게 되므로, 기업은 굳이 고용을 늘릴 필요가 없는 것이다. 결과적으로 임금의 차별이 없는 수요독점기업에서 노동자들은 자신의 노동에 대해서 제값을 받지 못하고, 일하고 싶은 사람들이 일을 하지 못하는 비효율성이 발생하게 된다.**

　그러나 최저임금을 도입한다면 그 비효율성을 해소할 수 있다. 과연 어떻게 최저임금이 이를 해소하는지 파악해 보도록 하겠다.

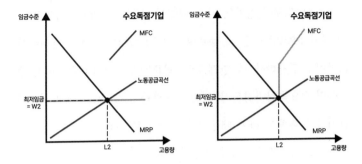

[최저임금제가 실행된 수요독점기업의 그래프 1]

 정부가 이제 [최저임금제가 실행된 수요독점기업의 그래프 1]과 같이 최저임금제를 도입하여, 최저임금 수준(W2)을 노동공급곡선과 MRP곡선의 접점(W2, L2)으로 설정했다고 가정해 보자. 그러면 이제 이 기업의 MFC곡선은 L2 왼쪽으로는 모두 W2가 된다. 분홍색 선이 되는 것이다. 왜냐하면 W2의 임금을 받고 일할 근로자들이 있기 때문이다.

 이해를 돕기 위해 [수요독점기업 예시 표]의 조건을 되새김질해 보겠다. 이 조건에서는 임금이 5에서 6달러로 늘어날 때, 취업하고자 하는 사람은 1명에서 2명으로 늘어난다. 그리고 여기서 만약 기업이 1명에서 2명으로 고용을 늘리게 되면, 총비용은 5달러에서 12달러로 늘고, 그에 따라서 한계요소비용(MFC)도 7달러가 된다.

 그런데 이제 최저임금을 6달러로 설정했다고 하자. 이렇게 최저임금을 6달러로 설정하게 되면, 기업이 고용량을 0명에서 1명으로, 1명에서 2명으로 늘릴 때, 총비용은 0달러에서 6달러로, 6달러에서 12달러로 상승한다. 즉 한계요소비용(MFC)은 항상 6달러이다. 왜냐하면 수요독점기업은 몇 명을 고용하든 모든 근로자에게 항상 6달러를 지불해야 하기 때문이다. 그러므로 그래프의 MFC곡선은 L2 왼쪽으로는 모두 W2가 되는 것이다.

하지만 이 기업이 L2 이상으로 더 많은 수의 근로자를 고용하게 된다면, 고용의 한계요소비용은 원래의 한계요소비용곡선으로 되돌아간다. 왜냐하면 수요독점기업은 고용된 모든 근로자에게 최저임금보다 높은 임금을 지불해야 하기 때문이다. 이러한 이유로 최저임금 도입 시에 수요독점기업의 MFC곡선은 분홍색 선이 되는 것이다.

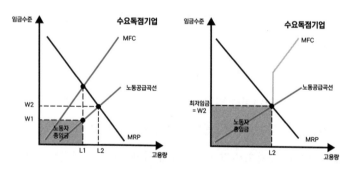

[최저임금제가 실행된 수요독점기업의 그래프 2]

정리해 보겠다. 해당 수요독점기업의 그래프에서는 최저임금의 설정으로 고용량이 L1에서 L2로 늘었고, 균형임금도 W1에서 W2로 상승되었다. 즉, 임금과 고용량 모두 증가되었다. **따라서 모든 임금 근로자들에게 동일 임금을 지불하는 수요독점시장에서 최저임금 정책을 실행하게 되면 1) 저임금 근로자가 받는 총임금이 늘어난다. 2) 임금과 고용 모두 증가했기 때문이다.**

요점 정리

Part 1의 내용을 요약 정리해 보겠다.

첫 번째 챕터에서 모든 논쟁의 씨앗은 사회 구성원들 간의 가치관 차이에서 시작된다는 점, 그리고 최저임금제도를 포함한 모든 법 또한 개인들의 가치관의 집합이라는 점을 파악하였다. 더불어, 최저임금에 대한 논쟁은 먹고사는 문제가 걸린 논의이므로, 서로가 전쟁같이 치열해질 수밖에 없다는 사실을 확인했다. 왜냐하면 경제적 논리에 따라서 개인 간의 가치관이 다르게 형성되고, 서로 다른 가치관이 자연스럽게 정치적인 활동으로 이어지는 것은 당연하기 때문이다. 최저임금제가 항상 논쟁의 중심에 있었던 필연적인 이유이다.

다음으로 최저임금제에 대한 두 진영의 주요 논리를 확인했다. 진보는 수정자본주의 논리 중 분배 측면을 고려하여 최저임금 인상을 주장했다. 최저임금을 받는 노동자들의 임금이 상승해야 빈부격차가 줄어들며, 이것이 유효수요의 증가로 이어져 경제가 활력을 얻을 것이라 믿었기 때문이다. 반면 보수는 신자유주의 논리 중 성장 측면을 고려하여 최저임금의 소극적 인상, 혹은 동결을 주장했다. 물가 상승률보다 최저임금을 더 올리는 정책은 시장의 질서를 흐리는 행위이며, 이것이 경제의 발전을 가로막는다고 믿었기 때문이다.

마지막으로 최저임금 인상 시에 두 가지 판단 기준을 근거로, 긍정적인 효과를 발휘할 수 있는 두 가지 경우를 알아보았다. 다음은 두 가지 판단 기준에 따라, 두 가지 경우에서 최저임금 인상의 효과를 도식화한 자료이다.

	저임금 노동자의 총임금 확대 여부	고용량 확대 여부
수요가 비탄력적인 완전경쟁 노동시장	증가	약간 감소
모든 근로자에게 동일 임금을 주는 수요독점 노동시장	증가	증가

[노동시장별 최저임금제 실행 효과]

앞으로 살펴볼 모든 내용도 우리가 여태 다루었던 내용에 기반을 두고 있기에 지속적으로 접하다 보면 더욱 이해될 것이다. 이제 이번 파트는 여기서 마무리하고, 다음 파트로 넘어가 보자.

Part 2

최저임금
전쟁의 본질

우리는 길 잃은 전쟁에서
무엇을 놓치고 있는가?

아무리 최저임금 전쟁이 먹고사는 문제가 걸린 논의라지만, 서로가 당장의 권익만을 주장하는 싸움의 양상을 보면 해결을 향한 움직임이 보이지 않는다. 이렇게 상당수가 더 나은 해결책을 찾고자 하는 전쟁의 목적을 망각한 것처럼 느껴질 때면, 이 전쟁의 방향성도 마치 길을 잃은 것처럼 보인다.

실제로 여러 매체들을 보면 최저임금을 받고 살아가는 사람들, 또 그런 사람들을 고용하는 중소기업과 자영업자는 유독 서로의 탐욕과 최저임금제만을 문제 삼는 경향이 있다. 둘 중 누군가는 욕심을 줄여야만, 최저임금제가 바뀌어야만, 이 전쟁이 해결될 것이라고 착각한다.

그러나 사실 최저임금 전쟁은 한국의 필연적인 경제 구조에서 비롯되었다. 최저임금 전쟁의 원인이 최저임금제 자체에 끔찍한 문제가 있기 때문이 아니다. 알바생인 유진이는 최저임금이 100원이라도 인상되기를, 사장인 정훈은 적어도 오르지만은 않기를 바라는 개개인의 욕심이 이 전쟁의 근본적인 원인이 아니라는 뜻이다.

즉, 최저임금 전쟁은 단순히 최저임금을 인상, 혹은 인하시키는 방식으로 해결되지 않는다. 그보다는 이 전쟁이 발발할 수밖에 없었던 한국 경제의 구조적 원인을 토대로 해결 방법을 모색해야 한다. 이토록 첫 번째 파트에서 최저임금제에는 경제적 맥락이 상당 부분 반영되어 있다고 강조한 이유이다.

따라서 이번 파트에서는 한국의 경제적 맥락을 자세히 파헤쳐 보며, 이 전쟁의 본질을 살펴볼 것이다. 우리가 이 길 잃은 싸움에서 무엇을 놓치고 있는지 확인할 것이다. 이 전쟁의 구조적인 배경과 원인을 알게 된다면 난잡한 정보들 속에서도 전쟁을 해결할 수 있는 황금 열쇠를 잃지 않을 것이다.

그 첫 번째 해결의 단추를 꿰매기 위해 지금 바로 시작해 보겠다.

문재인 정부의 최저임금 인상의 결과는?

사회적으로 최저임금에 관한 논의가 뜨거웠던 시기는 단연 2017, 2018년, 문재인 전 대통령이 최저임금 1만 원 공약을 이행했을 때였다. 물론 목표치인 1만 원까지 올리지는 못했지만, 다른 시기에 비해 최저임금을 가파르게 올렸던 것은 사실이다.

문재인 정부의 최저임금 1만 원 공약이 표면적으로는 최저임금 전쟁의 총성이 크게 울렸다고 짐작해 봐도 무리는 없을 것 같다. 구글(Google)의 검색량만 보아도, 최저임금에 관한 논의는 2018년에 정말 뜨거웠다.

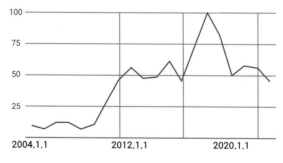

[구글 트렌드 최저임금 검색량]

아직도 친구들과 해당 공약을 주제로 뜨겁게 토론하던 때가 아직도 기억이 난다. 그만큼 사회적으로 큰 파장이 일어났던 시기였음을 알 수 있다.

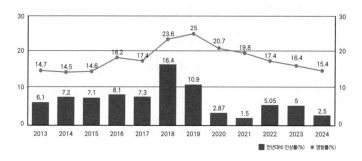

[최저임금 인상률 및 영향률 변동 추이]

그도 그럴 것이, 2018년도의 최저임금 인상률과 영향률만 보아도 왜 그렇게 사회적인 이슈가 되었는지 이해가 가는 대목이다. 여기서 최저임금 인상률이란 전년에 비해서 올해 어느 정도의 최저임금이 더 인상되었는지를 이야기한다. 또한 최저임금 영향률이란 최저임금 인상으로 인해 자동적으로 임금 인상의 효과를 받는 사람들의 비율을 일컫는다.

다만 문제인 정부의 가파른 최저임금 인상은 최저임금 전쟁의 표면적인 원인에 불과하다. 과연 최저임금이 이렇게 인상되지 않았더라면 알바생인 유진과 사장인 정훈이 대립하지 않았을까? 분명 아닐 것이다. 최저임금 전쟁은 언젠가 한국 경제 구조에서 필연적으로 발생할 수밖에 없는 문제였을 수도 있다. 이 원인에 대해서는 다음 두 챕터에서 자세히 다루어 보도록 하겠다.

이번 챕터에서는 문재인 정부의 최저임금 인상이 어떠한 결과를 가져왔는지에 대하여 집중하겠다. 가파른 최저임금 인상은 무슨 이유로 이루어졌는지. 이론상 최저임금 인상은 한국 경제에 어떤 결과를 가져오는지. 결과적으로 최저임금 인상은 성공이었는지, 혹은 실패였는지. 그 여정 속에 빠져 보겠다.

왜 소득주도성장론과 최저임금 인상이었을까?

2017, 2018년도 당시 최저임금 논쟁에 관심이 많았던 분이라면 최저임금 인상과 더불어 '소득주도성장론'을 한 번쯤은 들어 보았을 것이다.

소득주도성장론의 정확한 정의는 무엇일까?

이를 파악하기 위해 먼저 각 경제주체의 역할을 알아보도록 하겠다.

우선 경제주체는 기업, 가계, 정부로 나뉜다. 기업은 생산, 가계는 소비의 주체이다. 쉽게 생각한다면, 가계를 우리 개개인이라고 보면 된다. 마지막으로 정부는 이 둘의 생산과 소비의 순환이 잘 이루어질 수 있도록 환경을 조성하는 주체이다. 또한 각 경제주체끼리 상호작용도 한다. 가계는 기업이 생산을 할 수 있도록 노동, 자본, 토지라는 생산요소를 공급하며, 이를 대가로 가계는 기업으로부터 소득을 얻는다. 이 과정을 분배라고도 말한다. 그리고 정부는 이 분배 과정이 공정하게 이루어질 수 있도록 적절히 개입한다.

중요한 것은 적절한 정부의 개입이다. 만약 정부가 시장의 자율성과 성장만 강조한다면 부의 분배가 이루어지지 않을 수 있고, 반대로 정부가 정부의 개입과 분배만 강조한다면 성장이 이루어지지 않을 수 있다. 따라서 정부는 한쪽으로 경제체제가 치우치지 않도록 노력하고 있다. 마치 시소와 같다. 어느 한쪽이라도 땅에 닿으면 안 되는 시소 말이다.

여기서 소득주도성장론은 가계 소득이 성장의 밑거름이 되고, 성장의 열매가 다시 가계로 흘러 들어감으로써 사회적 부가 선순환하는 것을 전제로 한다. 문재인 정부의 소득주도성장 정책은 특히 최저임금 인상, 주 52시간 근무제 등을 핵심 축으로 한다.[1] 소득주도성장론의 핵심은 유효수요 부족을 고려하여 총수요 활성화의 필요성을 인식하는 데 있다.[2] 정리하자면, 문재인 정부는 가계의 소득을 증가시킴으로써 총수요를 확대하여 경제성장을 도모하고자 하였다.

왜냐하면 문재인 정부는 당시 한국의 경제는 분배가 필요한 상황으로 보았기 때문이다. 가계의 소비가 위축되어 경제가 활력을 잃었다고 진단했다. 더불어 진보적 성향을 가진 문재인 정부였기에 수정자본주의, 즉 정부의 개입을 추구한 것도 이유이다. 따라서 문재인 정부는 신자유주의와 성장으로 기울어진 시소의 균형을 원점으로 되돌리기 위해 정부의 개입과 분배를 통해 총수요를 확대하려는 셈이었다. 그러나 본래 경제 교과서에서는 소득주도성장론이 나와 있지 않고, 임금주도성장론만 나와 있다.

이렇게 진보 정권이 임금주도성장론이 아닌 소득주도성장론을 들고 나선 이유는 무엇일까?

먼저 소득은 크게 근로소득, 사업소득, 자본소득으로 나뉜다. 근로소득이란 가계가 노동을 대가로 기업으로부터 받는 소득. 사업소득은 주로 기업이 사업을 통해 벌어들이는 소득. 자본소득은 이자 등 금융 소득으로부터 벌어들이는 소득을 이야기한다. 임금주도성장론은 이 중 근로소득을 적극적으로 확대하여 총수요를 증대시키려는 이론이다.

한편 소득주도성장론은 근로소득과 더불어 사업소득을 확대시키려는 이론이다.[3] 여기서 궁금증이 생길 것이다. 사업소득은 주로 기업들이 벌어들이는 소득이기 때문에 진보가 추구하는 수정자본주의 철학에 어긋나지 않느냐고 말이다.

그러나 여기서 진보 정권이 이야기하는 사업소득은 대기업이 벌어들이는 소득이 아닌, 영세한 중소기업과 자영업자들이 벌어들이는 소득을 일컫는다. 다시 말해 소득주도성장론은 경제적으로 취약한 일부 근로소득자, 중소기업, 자영업자의 소득을 집중적으로 끌어올리겠다는 이론이다. 서민층의 소득과 서민층의 수요 말이다. 왜냐하면 진보 정권은 서민층의 소득이 부족하여 사회 내 총소비와 총수요가 줄어들었고, 이런 상황이 경제를 악화시켰다고 보았기 때문이다. 그래서 진보 진영은 서민층의 소득과 지출을 늘릴 소득주도성장론을 추진한 것이다.

다시 말해서 **소득주도성장론은 경제적 취약 계층을 중심으로 총소득 확대를 통해 부의 재분배 및 총수요 증가를 도모하여 경제의 선순환을 이끌어 내는 것이다. 따라서 문재인 정부는 소득주도성장을 실현시키기 위해 주요 두 가지 방법을 고안해 낸다. 첫째는 최저임금 인상, 둘째는 실업급여 등 복지 및 사회적 안전망의 확대이다.**

첫 번째 방법부터 자세히 알아보도록 하겠다.

이전에 최저임금 영향률이란 최저임금을 받고 일하는 근로자의 비율이라고 말했다. 문 정부의 높은 최저임금 정책은 최저임금 영향률을 20퍼센트까지 웃돌게 하였다. 다섯 명 중 한 명은 최저임금을 받고 일하는 셈이다. 당시 기준으로 높게 최저임금의 하한선을 설정했기 때문에 영향받은 사람이 많은 것이다.

이렇게 최저임금을 높게 설정한 이유는 사람들의 소비를 이끌어 올리려고 한 것에 있다. 특히 최저임금을 받는 사람들 중 저소득층의 비율은 적지 않다. 그리고 이들은 소득 중 상당 부분을 지출하는 경향이 있다. 얼마 안 되는 월급으로 월세비, 관리비, 생활비, 교통비 등을 내느라 저축할 여유가 없기 때문이다. 먹고살 돈도 넉넉지 않은데 모을 돈은 더더욱 없다. 실제로 저소득 국가일수록 엥겔지수(Engel's Coefficient)*가 높다. 그리고 이는 국가 차원뿐만 아니라, 개인 차원에서도 똑같이 적용된다. 즉 저소득층일수록 식료품비 지출 비중이 높다. 그러므로 문재인 정부는 최저임금 인상으로 인해 저소득층의 소득이 증가하면 이들의 소득 중 대부분은 식료품비로 다 소비될 것이니, 전체 소비가 늘어날 것으로 보았다. 다음은 월 소득근로자 가구의 평균소비성향을 나타낸 자료이다.

물론 복지를 통해 저소득층에게 경제적 지원을 해 줄 수는 있지만, 대가 없이 일방적으로 돈을 주는 방법은 노동 욕구를 줄이면서 총소비만 늘릴 뿐이다. 그러나 최저임금을 올린다면 노동 욕구와 총소비 둘 다 늘릴 수 있다. 또한 최저임금 인상으로 총소비가 늘어나면 자영업자와 중소기업의 매출이 확대된다. 이는 자영업자와 중소기업 등 경제적으로 안정되지 않은 계층의 소득을 증가시키는데 이바지한다.

---

* 가계 지출 중 식료품비가 차지하는 비중을 말한다.

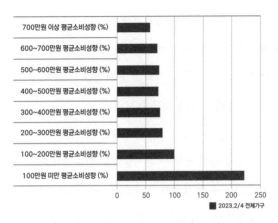

의 범례: ■ 2023.2/4 전체가구

(그래프 y축 항목, 위에서 아래로)
- 700만원 이상 평균소비성향 (%)
- 600~700만원 평균소비성향 (%)
- 500~600만원 평균소비성향 (%)
- 400~500만원 평균소비성향 (%)
- 300~400만원 평균소비성향 (%)
- 200~300만원 평균소비성향 (%)
- 100~200만원 평균소비성향 (%)
- 100만원 미만 평균소비성향 (%)

[소득 구간별 평균소비성향]

이제 두 번째 방법인 실업급여 등 복지 및 사회적 안전망의 확대에 대해 짚어 보겠다.

문재인 정부는 최저임금 인상과 더불어 실업급여와 같은 복지 및 사회적 안전망도 충분히 확대하고자 했다. 이는 문재인 정부가 최저임금을 인상시키게 되면 실업이 증가될 것으로 보았거나, 혹은 그렇게 보지 않았더라도 복지 및 사회적 안전망을 확대함에 따라 부의 분배 수준이 개선되어 경제에 긍정적인 영향을 미칠 것으로 보았기 때문이다.

물론 문재인 정부는 이론적으로 한국의 노동시장을 어떠한 유형으로 전제하여, 총소득 증대와 실업 효과를 예상했는지 공식적으로 드러내지 않았다. 사실 한국을 비롯한 대부분 국가들의 노동시장을 하나의 경제 환경으로 전제하기에는 무리가 있다. 다양한 유형의 노동시장의 특성을 복합적으로 반영하고 있기 때문이다. 이러한 이유로 문재인 정부가 한국의 노동시장을 어느 특정 하나의 노동시장으로 가정하지 않은 것으로 보인다.

정리하자면, **문재인 정부는 최저임금을 인상함으로써 저소득 근로자들의 총소득을 증가시켜 총수요를 자극하고자 했다. 자극된 총수요가 자영업자들의 소득 증진에도 도움이 되고, 경제성장에도 도움이 될 것으로 보았기 때문이다. 그리고 이에 더해 실업급여 확대를 중심으로 복지 및 사회적 안전망을 확대시켜 부의 재분배 및 총수요 증가를 도모하고자 했으며, 이는 혹여라도 최저임금 인상으로 인해 실업이 발생할 수도 있는 상황에 대한 대비책이었다. 이것이 문재인 정부가 소득주도성장을 이룩할 수 있다고 본 현실적인 시나리오였다.**

이론상 최저임금 인상은
한국에게 어떤 결과를 가져올까?

여기서 잠깐!

'완전경쟁 VS 수요독점 노동시장' 챕터를 건너뛰었다면, 이번 소주제의 결론인 굵은 글씨로 강조한 핵심 내용만 훑고 넘어가길 권장한다.

이론적으로 당시 한국의 노동시장은 최저임금 인상 시에 빛을 볼 수 있는 조건을 갖추고 있었을까?

이에 답하기 위해서는 당시 한국 노동시장의 특징을 파악해야 한다. 특히 다음의 세 가지 기준으로 중심으로 파악해 보아야 한다.

1) 당시 한국의 노동시장이 완전경쟁 노동시장과 수요독점 노동시장 중 어느 시장의 특성을 더 띠었는지

2) 당시 최저임금 수준이 노동시장의 균형임금을 초과하였는지

3) 당시 노동시장의 탄력성은 어떠했는지

먼저 당시 한국의 노동시장이 완전경쟁 노동시장과 수요독점 노동시장 중 어느 것에 가까웠는지부터 설명하고자 한다.

사실 지금까지도 완전경쟁 노동시장과 수요독점 노동시장 중, 한국의 노동시장이 어느 시장의 특성을 더 띠고 있는지 판단하기 힘이 든다. 실제로 어떤 한 기업이 완전히 노동시장을 독점하여서 고용이나 임금을 마음대로 정하지 못하는 실정이고, 동시에 어떤 한 기업의 고용이나 임금에 대한 결정이 노동시장에 아예 영향을 미치지 않는 것도 아니다. 또한 업종, 지역, 사업장 규모에 따라서 시장 형태가 상이하기 때문에 전체적인 한국의 노동시장이 어느 시장의 특성을 더 반영하고 있는지 판단하기 어렵다.

다만 사업장 규모만으로 판단하였을 때, 대기업이 중소기업보다 수요독점 노동시장에 가깝고, 중소기업이 대기업보다 완전경쟁 노동시장에 가깝다. 「노동시장 수요독점력 측정」 논문에 따르면, 기업규모가 큰 기업일수록 노동수요독점력이 높고, 매출액이 큰 대기업의 수요독점력은 높은 수준을 유지하고 있다고 한다. 반면 2010년대에 중소기업의 노동수요독점력을 감소하는 추세라고 한다. 물론 업종과 지역 등의 요소까지 고려한 대한민국의 수요독점 및 완전경쟁 수준을 파악하기 위해서는 더 많은 후속 연구가 필요하다.[4]

두 번째로 당시 최저임금 수준이 노동시장의 균형임금을 초과하였는지 설명하겠다.

숙박·음식업과 농림·어업, 비수도권과 소도시, 중소기업 등과 같이 생산성이 낮은 업종, 지역, 사업장에서 최저임금 수준이 해당 노동시장의 균형임금을 초과한 것으로 보인다. 왜냐하면 일반적으로 생산성이 떨어지는 노동시장일수록 최저임금 미만율*이 높고, 최저임금 미만율이 높다는 것은 해당 노동시장의 균형임금이 정부가 책정한 최저임금 수준을 따라오지 못해서 발생하는 문제이기 때문이다. 이를테면 반도체 업종과 같이 생산성이 높은 곳에서 종사하는 근로자들은 최저임금 수준보다 낮은 임금을 받고 일할 경우가 거의 없다. 왜냐하면 기업이 반도체로 벌어들인 돈을 근로자들에게 최저임금 이상으로 지불하고도 남기 때문이다.

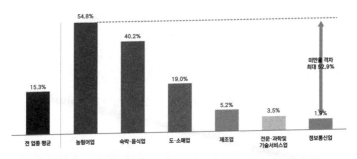

[2021년 주요 업종별 최저임금 미만율 수준 및 격차]

마지막으로 노동시장의 탄력성을 살펴보겠다.

대게 일반적인 경우처럼, 한국의 노동시장도 마찬가지로 비탄력

---

* 최저임금 수준보다 낮은 임금을 받고 일하는 근로자의 비율을 말한다.

적일 것으로, 그중 노동수요가 노동공급보다는 탄력적일 것으로 보인다.[5] 또한 대기업보다는 중소기업의 노동수요 탄력성이 높다.[6]

따라서 앞의 결과를 토대로 이론상 최저임금 인상은 한국에게 어떤 결과를 가져올지 다음의 두 가지 기준에 따라 판단해 보겠다.

1) 저임금 및 임금 근로자의 총임금 확대 여부
2) 실업 및 고용 증감 여부

중소기업, 비수도권과 중소도시, 숙박·음식업과 농림·어업 등과 같이 생산성이 낮은 곳에는 대게 수요독점 노동시장보다는 완전경쟁 노동시장에 가깝다. 또한 당시 최저임금 수준이 생산성이 낮은 곳의 노동시장의 균형임금을 초과한 것으로 보인다. 더불어 생산성이 낮은 곳의 노동시장은 전반적으로 비탄력적이긴 하지만, 대기업과 같이 생산성이 높은 곳보다는 탄력적이다.

따라서 **중소기업, 비수도권 및 중소도시, 숙박·음식업 및 농림·어업과 같이 생산성이 낮은 곳에서 최저임금 인상은,**

1) 저임금 및 임금 근로자의 총임금을 확대할 수 있다.

2) 그러나 최저임금 인상으로 일부 기업이 고용량을 줄이게 됨에 따라 저임금 노동자 중에서도 경쟁력이 뒤떨어지는 일부 노동

자가 실직될 수 있다. 즉, 저임금 근로자 중에서도 비교적 경쟁력이 있는 근로자만이 혜택을 받을 가능성이 있다.

한편 대기업, 수도권과 대도시, 정보통신업, 전문, 과학 및 기술 서비스업, 금융 및 보험업과 같이 생산성이 높은 곳은 대게 완전경쟁 노동시장보다 수요독점 노동시장에 가깝다. 또한 최저임금 수준은 노동시장의 균형임금을 넘지 않았을 확률이 높으며, 전반적으로 노동시장이 비탄력적이다.

따라서 대기업, 수도권과 대도시, 정보통신업, 전문, 과학 및 기술 서비스업, 금융 및 보험업과 같이 생산성이 높은 곳에서 최저임금 인상은,

1) 저임금 및 임금 근로자의 총임금 상승에는 크게 이바지할 것 같지 않다. 왜냐하면 애초에 대기업처럼 생산성이 높은 곳에서 근무하는 근로자 중 최저임금에 영향을 받는 비율이 낮으므로, 최저임금이 인상되더라도 이것의 혜택을 볼 수 있는 사람이 거의 없기 때문이다. 다음으로,

2) 고용 변화에도 큰 영향을 주지 않을 것으로 보인다. 대기업의 임금은 애초에 최저임금보다 훨씬 높으므로, 최저임금이 인상되어도 인건비 부담이 거의 없으니 고용을 축소할 이유가 없기 때문이다.

소득주도성장론의 성과는?

문재인 정부가 생각한 취지가 결과적으로도 성공을 이루었을까? 개인적인 생각으로는 100% 효과를 봤다고 단언하기 어려울 것 같다. 이론상으로 완벽한 정책도 현실이란 벽을 이기기 힘드니 말이다.

이제부터는 실제로 해당 정책이 한국의 상황에서 어떠한 성과를 냈는지 판단해 보겠다.

먼저, 소득주도성장론의 성과를 판단하기 위해서는 해당 정책을 시행하기 전 경제지표와 시행 후의 지표를 비교해 봐야 한다. 최저 임금 인상으로 어떤 변화가 있었는지를 파악해야 해당 정책의 성과를 판단할 수 있기 때문이다. 따라서 다음의 기준을 토대로 소득 주도성장론이 긍정적인 효과를 일으켰는지 판단하겠다.

1) 임금 근로자의 총임금 확대 여부
2) 전 계층 및 저소득층의 총소득 확대 여부
3) 실업과 고용 증감 여부
4) 총수요 확대 여부
5) 실업급여 등 복지 및 사회적 안전망의 확대 여부

다만, 최저임금 실행 전후의 경제지표를 일대일로 비교하여 해당 정책의 영향력을 온전히 평가하기에는 한계가 존재한다. 최저임금 인상 외의 여러 요인들이 복합적으로 결합되어 경제지표의 결과가 바뀌었기 때문이다. 다시 말해, 최저임금을 인상함으로써 변화된 지표의 값이 최저임금 인상과 상관관계는 있지만, 인과관계가 있다고는 말하기 힘들다. 이 점만 염두에 두고 시작해 보겠다.

'1) 임금 근로자의 총임금 확대 여부'부터 확인해 보겠다.

우선 최저임금 상승으로 노동자들의 총 근로소득(늑총임금)이 상승한 것은 사실이다. 2017년 대비 2018년의 임금 상승률은 2.02%p 상승하였는데, 이 중 1.07%p가 최저임금 인상으로 상승하였기 때문이다. 즉 최저임금 인상은 2018년의 임금 상승률에 최소한 절반 이상의 몫을 해낸 것이다.[7] 참고로 근로소득은 임금 외에도 다양한 형태의 소득으로 구성되어 있으며, 이중 근로소득에서 임금이 차지하는 비중이 일반적으로 가장 높다.

근로소득	임금, 상여금 및 수당, 수수료 및 봉사, 수익 분배금, 연차 및 유급휴가 등

[근로소득의 종류]

'2) 전 계층 및 저소득층의 총소득 확대 여부'는 어떠했을까?

다음 자료를 보면, 2018년에도 전체 가구 소득이 3.6% 증가했다.

다만 1분위와 5분위의 소득 증감률 추이가 서로 다르다. 여기서 소득 1분위는 소득 하위 20%, 소득 5분위는 소득 상위 20%를 지칭한다. 전체적인 가구 소득과 근로소득은 증가했음에도 불구하고, 왜 저소득층의 소득은 악화되었을까?

소득 5분위별 가구당 월평균 소득

(단위: 천원, %, 전년동분기대비)

구 분	2018. 4/4											
	전체		1분위		2분위		3분위		4분위		5분위	
가구원수 가구주연령	3.08명 53.2세		2.38명 63.4세		2.87명 53.8세		3.26명 49.6세		3.42명 48.8세		3.46명 50.3세	
	금액	증감률	금액	증감률	금액	증감률	금액	증감률	금액	증감률	금액	증감률
소득	4,606.1	3.6	1,238.2	-17.7	2,773.0	-4.8	4,109.8	1.8	5,572.9	4.8	9,324.3	10.4
경상소득	4,568.4	4.8	1,236.5	-14.6	2,769.7	-2.6	4,101.6	3.5	5,544.9	5.8	9,177.0	10.5
근로소득	3,114.7	6.2	430.5	-36.8	1,637.6	0.4	2,681.7	4.8	3,928.4	4.7	6,885.6	14.2
사업소득	911.3	-3.4	207.3	-8.6	529.5	-18.7	909.7	-7.0	1,113.0	2.6	1,794.7	1.2
재산소득	19.4	4.9	13.6	16.3	11.3	-43.8	19.7	149.8	20.7	57.0	31.4	-20.3
이전소득	523.0	11.9	585.1	11.0	591.4	9.3	490.5	17.8	482.8	23.4	465.3	0.8
비경상소득	37.8	-55.3	1.7	-97.0	3.3	-95.2	8.2	-89.4	28.0	-63.0	147.3	2.3
비소비지출	953.9	10.0	250.0	-9.9	509.4	-2.6	804.8	7.5	1,138.5	11.1	2,063.8	17.1
처분가능소득	3,652.2	2.1	988.2	-19.5	2,263.6	-5.3	3,305.0	0.5	4,434.4	3.3	7,260.5	8.6

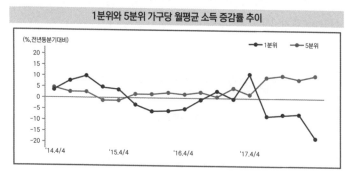

1분위와 5분위 가구당 월평균 소득 증감률 추이

[최저임금 실행 전후 가구별 소득 변화]

첫째, 최저임금 인상으로 사업소득으로 생계를 이어 갔던 자영업자의 소득이 악화되었기 때문에 저소득층인 1, 2분위의 총소득이 하락하였다. 높아진 최저임금으로 이를 감당할 수 없는 자영업자들이 시장에서 도태됨에 따라서, 많은 자영업자들의 사업소득이 하락하였다. 특히 최저임금 인상으로 1, 2분위에 있었던 자영업자의 총소득이 하락하였음은 물론, 3, 4분위에 있었던 자영업자조차도 사업소득이 급격히 감소하면서 1, 2분위로 가라앉은 경향이 있었다.

실제로 2018년의 자영업자는 전년 대비 5만 2천 명(-0.8%) 감소하였다.[8]

둘째, 임시직 및 일용직의 저임금 노동자가 대부분을 구성하고 있는 1, 2분위 계층은 최저임금 인상으로 취업문이 높아짐에 따라서 근로 기회가 줄어들었고, 이것이 1, 2분위의 근로소득에 부정적인 영향을 미치게 되었기 때문에 1, 2분위의 총소득이 하락하였다.

최저임금에 영향을 많이 받는 기업들은 주로 중소기업으로 최저임금이 인상되면 무리가 간다. 하지만 이렇게 노동 강도가 극대화되어 있는 소규모 사업장에서는 인원 감축이 어렵다. 따라서 이들은 인건비 부담을 줄이기 위해 근로 시간을 감축한다. 그리고 이러한 근로 시간 감축이 자연스럽게 주로 중소기업에서 근무하는 저임금 노동자의 소득 하락으로 이어지면서, 1분위의 근로소득이 전반적으로 감소한 것이고, 2분위 또한 큰 효과를 보지 못한 것이다.

사실 이러한 현상은 이미 여러 논문들과 연구들에서 찾아볼 수 있기 때문에 그리 놀라운 현상은 아니다. 실제로 한국경제발전 학회의 「2018년 최저임금 인상의 효과 추정」 보고서에 따르면, 2018년 최저임금 인상이 고용과 근로 시간에 미치는 효과를 추정한 결과, 기업들은 최저임금 인상에 대해 고용량보다는 근로 시간을 조정하는 방식으로 대응하였다.[9]

한편, 최저임금 인상 이후 '3) 실업과 고용 증감 여부'는 어떠했을까?

전년 대비 자영업자는 5만 2천 명, 임시 근로자는 14만 1천 명, 일용근로자는 5만 4천 명이 감소되었음에도 불구하고 전체 실업률은 3.8%로 전년 대비 0.1%p밖에 상승하지 않았다.[10]

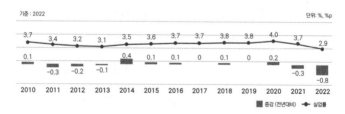

[연도별 실업률]

이번에는 최저임금 인상으로 인한 '4) 총수요 확대 여부'를 파악해 보겠다.

다음 자료를 보면, 2018년 전국 가구의 소비·지출은 소폭 개선되었다. 가구의 소비·지출이 하락하는 추세 중에 하락 폭이 잠시 줄어들었다. 즉, 총수요가 다소나마 개선되긴 하였다. 다만 가계 동향 조사 개편으로 아주 정확한 파악이 어렵다는 점을 밝힌다.

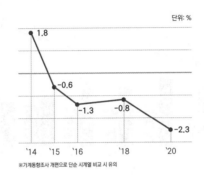

단위: %

※가계동향조사 개편으로 단순 시계열 비교 시 유의

[전국 가구 소비지출 증감률 추이]

마지막으로 주요 실업의 대상인 저소득 근로자의 총소득의 '5) 실업급여 등 복지 및 사회적 안전망의 확대 여부'를 알아보겠다.

결론부터 말하자면 정부가 노동시장에서 벗어난 취약 계층에게 지급하는 금액이 늘었다. 최저임금 상승으로 구직급여 상한액과 하한액 모두 전보다 가파른 수치로 상승했는데, 이는 실업을 한 사람들에게 주는 급여가 늘었다는 뜻이다. 다음 자료를 보면, 2018년도에 부쩍 늘어서 2019년도에도 가파르게 공적이전소득*이 늘었다는 점을 파악할 수 있다. 하지만 저소득층의 전체적인 소득 감소 폭이 상쇄될 만큼 실업급여 등 복지 및 사회적 안전망의 확대는 충분하지 못했다.

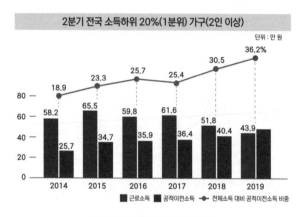

[저소득층 공적이전소득 추이]

따라서 지금까지 살펴본 분석 결과를 토대로, **최저임금 인상이 가져온 경제적 결과에 관해 정리해 보면 다음과 같다.**

최저임금 인상으로 전체 근로자의 총소득이 증가하였고, 이것이

---

* 공적이전소득이란 생산에 기여하지 않고, 개인이 정부로부터 받는 수입으로 국민연금, 실업급여 등을 말한다. 쉽게 생각해 정부의 복지 정책으로 개인이 받는 소득이라고 생각하면 된다.

부분적으로 소비 및 수요 개선에 영향을 준 것은 사실이다. 물론 정확히 최저임금 인상 효과가 얼마큼 경제적 후생에 기여했는지를 판단하기에는 여러 연구 자료별로 다르기 때문에 한계가 존재한다. 그러나 확실한 것은 최저임금 인상으로 인한 소득과 소비의 개선 효과는 기존에 직장을 갖고 있던 상용직* 근로자를 중심으로 일어났다는 것이다. 반면, 사업소득으로 생계를 이어가는 자영업자와 일용직 및 임시직 근로자는 최저임금 인상으로 부정적인 영향을 받았다. 그리고 꽤 적지 않은 수의 자영업자와 일용직 및 임시직 근로자가 저소득층인 1, 2분위를 차지한다.

다시 말해서, 최저임금 덕분에 사회 전체적인 경제적 후생 수준은 개선되었을지 몰라도 1, 2분위를 구성하고 있는 대부분의 사람들은 최저임금 인상으로 부정적인 경제적 영향을 받았다는 것이다. 이는 최저임금을 통해 안정적인 직장을 가진 임금 근로자 간의 임금 소득 격차를 해소할 수는 있어도, 저소득층과 고소득층 간의 소득 격차를 해소하는 데에는 한계가 있음을 뜻한다.

예컨대 어떤 상용직 근로자는 인상된 최저임금으로 혜택을 받을 수 있겠지만, 높아진 인건비로 사장 정훈이 임시직 근로자인 유진

---

* 임금 근로자 중 하루하루 일자리를 찾지 않고 안정적으로 고용되어 있는 근무자를 일컫는 말로, 고용계약 기간을 특별히 정하지 않았거나, 고용계약 기간이 1년 이상인 근로자를 뜻한다.

이를 해고할 수도 있다. 이렇게 되면 결과적으로 정훈과 유진이가 벌어들일 수 있는 소득을 상대적으로 고용이 안정적인 상용직 근로자에게 나눠 준 셈이다. 물론, 문재인 정부는 유진이와 정훈과 같은 1, 2분위 근로자들의 소득 하락을 방지하기 위해 노력했으나 이는 충분하지 않았다.

실제 최저임금 인상 결과를 보았을 때, 이전 소주제에서 살펴보았던 이론상 최저임금 인상 결과와 비슷한 모습을 보인다. 실제로 최저임금 인상으로 임금 근로자가 받는 총임금이 늘어난 것은 맞지만, 저임금 근로자 중에서도 상용직보다는 경쟁력이 떨어지는 일용직 및 임시직 근로자가 많은 1, 2분위를 중심으로 노동수요가 축소됨에 따라, 이들의 근로소득이 감소했기 때문이다. 다시 말해서 저임금 근로자 중에서도 나름 경쟁력이 있는 근로자만, 즉 임시직 및 일용직 저임금 근로자보다는 저임금 상용직 근로자 중심으로 혜택을 보게 된 것이다.

문재인 정부가 의도한 최저임금 인상의 취지에 부합하여 최저임금 인상으로 전체 노동자들의 총임금과 총소득, 즉 총수요가 개선된 것은 사실이다. 하지만 저소득층의 총소득은 하락했으므로 이들의 총수요는 개선되지 않았다. 또한 최저임금 인상으로 발생하는 부작용을 줄이고자 실업급여를 확대하였지만, 1, 2분위 저소득층의 총소득 감소분을 상쇄시킬 만큼 충분하지는 않았다. 즉 취지

에 따라서 결과가 이루어진 부분은 총수요 확대, 이루어지지 못했던 부분은 저소득층의 총수요 확대이다.

문재인 정부의 최저임금 인상 정책은 마치 한 측면에서 이득을 얻으면 다른 측면에서 손실을 얻는 트레이드오프(Trade-off) 구조[*]와 같았다.

문 정부의 정책은 성공을 거두었다고 판단할 수 있을까?

이에 대한 답은 '가치관에 따라서 다르다'는 것이다. 앞서 최저임금 인상이 가져온 결과를 살펴보았듯이, 효과를 본 측면과 부작용을 본 측면이 동시에 존재하기 때문이다. 따라서 성공과 실패 간에 양자택일을 할 수 없다. 혹자는 경제성장률로 해당 정책의 성과를 판단하면 되지 않느냐고 물을 수 있다. 그러나 경제성장률은 최저임금과 같이 지엽적인 문제보다도 세계 경제의 경기 순환에 영향을 받는다.

사실 성공과 실패 여부를 떠나, 문재인 정부의 가파른 최저임금 인상은 최저임금 전쟁의 총성을 울렸다는 점이다. 특히 최저임금 전쟁은 단순히 진보와 보수의 대립을 넘어서, 또 다른 사회적 파장을 일으켰다는 점에서 주목할 만하다. 잠재되어 있던 한국 사회의 구조적 문제들까지, 사람들이 비열해질 수밖에 없는 지점을 건드렸기 때문이다.

---

[*]　하나가 증가되면 다른 하나는 무조건 감소하는 것을 이야기한다.

다음 두 챕터에서는 최저임금이 단순 논쟁이 아닌, 전쟁으로까지 이어질 수밖에 없었던 이유를 다룬다. 사실 최저임금, 소득주도성장인지 뭐니 하는 것은 최저임금 전쟁의 표면적 이유에 불과하다. 최저임금 전쟁이 뜨거울 수밖에 없었던 한국의 경제 구조를 알아야 한다. 그래서 다음 두 챕터는 가장 골치 아프면서도 흥미로운 부분이다. 이번 챕터는 여기서 마치도록 하겠다.

사장 vs 아르바이트생

"최저임금을 올리면 자영업자는 뭐 먹고사냐.", "직원들 월급 주면 남는 게 없다." 최저임금이 결정되는 시기가 다가올 때면 자영업자들의 목소리는 최저임금 논쟁을 매해 뜨겁게 달군다. 특히 2018년도 문재인 정부가 최저임금을 16.4%나 올리면서 최저임금 이슈는 단순히 논쟁거리가 아닌, 서로 살기 위해 치고받는 전쟁의 현장이 되었다. **어쩌다 최저임금 전쟁은 서로를 잡아먹지 못해 안달인 상황까지 이르렀을까?**

이번 챕터와 다음 챕터에서는 한국만이 가지고 있는 고유의 경제구조에서 최저임금 인상이 어떠한 사회적 파장을 만들어 냈는지에 관해 살펴볼 것이다. 최저임금 인상이 한국 경제 구조상 봉착할 수밖에 없었던 사회 내의 갈등에 관해서 말이다. 특히 이번 챕터에서는 최저임금 인상이 어떻게 알바생인 유진이와 자영업자이자 사장인 정훈 간의 싸움이 되었는지를 중점적으로 살펴볼 것이다.

그 전에 먼저, 자영업자인 치킨집 사장인 정훈에게서 곡소리가 나올 수밖에 없었던 배경을 알아보도록 하겠다. 이를 파악하고 있어야 최저임금 인상이 구체적으로 어떻게 사장과 알바생 간의 전쟁이 되었는지를 파악할 수 있기 때문이다.

자영업자가 근본적으로 힘든 이유

자영업자들에게 고통의 목소리가 나올 수밖에 없었던 근본적인 이유는 뭘까?

첫째, 높은 자영업자 비율로 인한 치열한 경쟁 때문이다.

우선 자영업 비율이 높다는 것은 한정된 몫을 많은 사람들이 공유하고 있다는 걸 의미한다. 따라서 많은 사람이 한정된 몫을 공유할수록 개개인이 갖는 몫은 줄어들 수밖에 없다. 본질적으로 높은 자영업 비율 때문에 자영업자들이 힘들어진 것이다.

예를 들어, 정훈이 100명이 사는 작은 동네에 치킨집을 열었다. 100명이 사는 마을에 치킨집이 하나도 없었던 터라 장사가 잘되었고, 정훈은 그럭저럭 생계를 이어 나갈 수 있게 되었다. 그러던 어느 날, 잇따라 B와 C라는 사람도 일자리를 구하지 못해 치킨집을 열게 되었다. 100명의 마을에 한 개밖에 없던 치킨집이 세 개로 늘어나게 된 것이다. 그러나 마을 사람들은 치킨집이 늘어난 만큼 치킨을 사지 않았다. 집 주변에 편의점이 세 배 많아진다고 해서, 지금보다 편의점을 세 배 많이 이용하지는 않으니까. 결국 정훈의 매출도 삼분의 일 토막이 났고, 정훈의 생활도 마을에 치킨집 하나만 있었을 때보다 많이 열악해졌다. 그런데 갑자기 국가에서 최저임금을 높인다고 한다. 정훈이 운영하는 치킨집에는 유진이를 비롯한 알바생이 두 명 있다. 이 알바생들이 하는 일들은 가게 운영상 필수불가결한 일이다. 정훈은 마지못해 최저임금법에 따라 알바생들의 임금을 올려 주게 되고, 정훈의 생계는 더욱 악화된다.

앞의 예시를 보아도, 최저임금 인상이 분명 부담을 준 것은 맞지만, 정훈이 근본적으로 힘든 이유는 많은 경쟁 업체 때문이다. **간혹 일부 매체에서 혹자는 최저임금을 인상한 것 때문에 자영업자들의 삶이 피폐해졌다고 이야기한다. 그러나 냉정히 말하면, 최저임금을 급격히 올려 버려서 하루아침에 자영업자들의 삶이 피폐해진 것이 아니다. 진작에 높았던 자영업 비율로 자영업자들은 이미 과도한 경쟁에 지쳐 어려움을 겪는 상황이었다.** 최저임금 인상은 그 어려움에 조금의 무게를 실어 주었을 뿐이다. 자영업자가 힘들게 된 첫 번째 이유인 높은 자영업 비율이다.

다음 자료는 전체 취업자 중 자영업자(≒비임금근로자*)의 비율

---

* 비임금근로자란 임금을 받지 않고 일하는 근로자를 의미하며, 비임금근로자에는 고용원이 있는 자영업자와 고용원이 없는 자영업자, 그리고 무급 가족 종사자가 포함된다. 사실상 한국의 무급 가족 종사자의 비율이 매우 적기 때문에, 비임금근로자 전체를 일컬어서 자영업자로 부른다. 여기서 무급 가족 종사자란 부모님이 일하시는 업장에서 돈을 받지 않고 일하는 자녀들이라고 생각하면 된다.

추이 그래프이다.

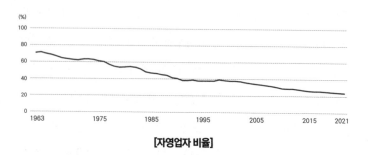

[자영업자 비율]

2018년 자영업자 비율은 전년 대비 0.3% 감소된 수치인 25.1%였다. 100명 중 25명이나 자영업자라는 이야기이다. 물론 최저임금을 급격하게 올린 것치고는 당해 연도의 자영업 비율이 거의 감소하지 않았다.

그럼에도 불구하고, 최근의 자영업자 비율은 여전히 20% 위로 높은 수준이다. 고소득 국가에 가까워질수록 자영업 비율이 낮아지는 현상을 고려하더라도 말이다. 참고로 고소득 국가의 평균 자영업 비율은 12.2%로, 한국과 많은 차이를 보인다. 또한 2020년 기준 OECD(경제협력개발기구)의 평균 자영업 비율은 13%이고, 여기서 한국은 OECD 국가 중, 7번째로 높은 자영업 비율을 기록하였다.

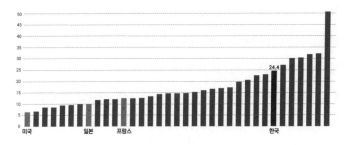

[OECD 자영업자 비율]

둘째, 프랜차이즈 본사와 대기업의 높은 시장 지배력 때문이다.

프랜차이즈 본사와 대기업의 높은 시장 지배력이 어떻게 자영업자들의 어려움으로 이어졌는지 살펴보겠다. 이번에도 치킨 관련 실제 사례를 통해 설명하겠다.

2022년, 한국의 대표 치킨 브랜드 중 하나인 BBQ의 창업주 윤홍근 회장이 라디오에 출연하여 치킨값이 3만 원이 되어야 한다고 주장한 것이 큰 화제였다. 2022년은 안 그래도 엄청난 물가 상승률로 사람들 대부분이 어려움을 겪고 있던 터라, 해당 발언은 많은 사회적 이슈를 불러일으켰다. 소비자들 사이에서도 '치느님', '서민 음식'으로 불리는 치킨의 가격 변동은 사람들에게 매우 민감하다. 이런 와중에 윤홍근 회장의 치킨값 3만 원 발언은 많은 소비자에게 반감을 샀다.

한편, 윤홍근 회장의 의견은 인건비와 재료비 등을 고려하면 남는 것이 없다는 것이었다. "치킨은 실질적으로 인건비, 임차료, 유틸

리티 비용이 많이 들어가는데, 이런 부분을 대변해 줄 사람이 없어 가맹점주들의 수많은 노력에 대한 대가는커녕, 최저임금 수준도 못 받는 사업을 하고 있다."고 밝혔다. 또한 현재 치킨 가격에서 배달 앱 수수료가 차지하는 부분은 약 15% 정도로, 배달앱이 점주가 가져갈 부분의 상당 부분을 가져간다는 것이 윤 회장의 의견이었다.[11]

실제로 최저임금보다도 낮은 소득을 버는 자영업자가 꽤 많다. 명색이 사장님인데도 불구하고 알바생들보다 소득이 적은 경우가 많다는 말이다. 2017년에서 2020년 사이, 알바생보다도 돈을 적게 버는 사장이 평균적으로 매해 20만 명이 넘었다.[12] 더불어 쿠팡이츠, 배달의 민족, 요기요 등 배달 대행업체가 성황을 이루고 높은 수수료를 떼어 가면서 사장님들이 가져갈 거리는 더 줄어들었다.[13] 이러한 이유로 윤홍근 회장은 치킨값이 3만 원이 되어야 남는 게 있다고 했다.

그러나 사실 자영업자가 힘들게 된 본질적인 문제는 다른 곳에 있다. 다음의 자료는 치킨의 가격 구조를 나타낸 표이다.

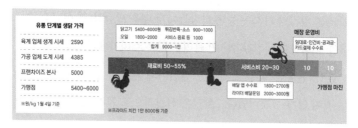

[치킨 가격 구조]

위에 나타나 있듯이, BBQ와 같은 치킨 프랜차이즈 본사가 재료 및 유통비를 명목으로 치킨값의 약 50%, 배달 등과 같은 서비스가 치킨값의 약 30%, 매장 운영비가 치킨값의 약 10%를 차지한다. 결국, 치킨값이 비싸더라도 사장님이 가져가는 몫은 전체 치킨값의 10%밖에 되지 않는다.

반면 지난 2021년 기준 치킨 프랜차이즈 3강으로 꼽히는 BHC, BBQ, 교촌의 영업이익률은 금융감독원에 따르면 각각 32.2%, 16.7%, 5.6%이다. 이는 매우 높은 수준이다. 본사의 영업이익률이 높다는 점과 자영업자들의 이익률이 낮다는 점을 비추어 봤을 때, 최저임금 인상이 자영업자들에게 부담으로 다가오는 건 사실이지만, 절대 자영업자들을 힘들게 만든 근본적인 원인으로 꼽을 수는 없다. 왜냐하면 자영업자가 힘들어하는 원인 중 큰 부분은 본사가 가져가는 몫이 너무 크기 때문이다.

어떻게 치킨 프랜차이즈 본사는 높은 영업이익률을 달성할 수 있었을까?

본사의 높은 시장 지배력 덕분이다. 나쁘게 말하면, 치킨 프랜차이즈 본사가 자영업자들에게 납품 단가를 비싸게 팔아서 수익을 남긴 덕분이다. 치킨 프랜차이즈 본사들이 가맹점주들에게 납품 단가를 비싸게 팔수록 수익률은 올라간다. 하지만 그럴수록 자영업자에게 남는 수익률은 떨어진다.

이는 비단 프랜차이즈 본사와 가맹점주, 자영업자 사이에서만 발생하는 문제가 아니다. 대기업과 중소기업의 관계에서도 유사한 상황이 발생한다. 예컨대, 삼성, 현대, SK와 같은 거대 기업이 중소기업에게 하청을 주게 되면, 이들은 중소기업에게 최소한의 비용만 지불하게 된다. 이는 최소의 비용으로 최대의 이익을 만들기 위함이다. 이렇게 되면 대기업의 생산성과 이익률이 올라가지만, 그들의 생산성과 이익률이 올라갈수록 중소기업의 생산과 이익률은 떨어진다.[14]

정리하자면, 높은 자영업 비율, 프랜차이즈 본사와 대기업의 높은 시장 지배력이 자영업자의 삶을 힘들게 만들었다. 한정된 시장에 너무 많은 경쟁업체들이 참여하여 개인이 가져가는 몫이 줄었다. 그리고 프랜차이즈 본사와 대기업의 시장 지배력이 너무 높아져 버려서 중소기업과 자영업자는 경쟁력을 잃었다. **최저임금 인상이 자영업자들에게 부담을 주는 것은 사실이지만, 앞서 말한 두 가지 이유가 더 치명적이다.**

혹자는 프랜차이즈 본사와 대기업에서 벗어나 독자적인 자영업, 혹은 중소기업을 하면 되지 않느냐고 물을 수 있다. 그러나 이는 정말 쉬운 것이 아니다. 공룡같이 커 버린 기업과 소규모 업장이 경쟁하는 것은 거의 불가능에 가깝다. 당장 인터넷에 자영업자 폐업률만 검색해 봐도 상황이 얼마나 심각한지는 쉽게 알 수 있다. 이러한 현실 때문에 프랜차이즈 본사와 대기업이 자영업자와 중소기업에게 불리한 조건의 계약을 제시해도 이들은 받아들일 수밖에 없다. 프랜차이즈 본사와 대기업의 요구조건을 승낙하지 않으면 당장 문을 닫아야 될 수도 있기 때문이다. 이와 관련된 이야기는 다음 챕터에서 더 자세히 다루어 보도록 하겠다.

한국의 경제 구조

왜 자영업자는 이러한 상황으로까지 내몰렸을까? 사회적으로 자영업자들의 곡소리가 터져 나올 정도로 말이다.

해당 상황의 구조적인 원인을 파악하기 위해서는 한국 경제 구조를 확인해야 하고, 지금의 한국 경제 구조가 어떻게 형성이 되었는지 살펴봐야 한다. 그리고 이것이 최저임금 인상과 맞물리면서 어떻게 작용했는지를 파악해야 한다.

한국의 경제 구조를 살펴보기 위해서는 먼저 자영업 비율과 고용률이 국가의 경제 수준과 어떠한 관계에 놓여 있는지 알아봐야 한다.

일반적으로 선진국은 자영업자 비율이 낮고, 고용률은 높다.

보편적으로 나라가 잘 산다는 것은 해당 국가의 튼실한 산업이 다양하다는 것을 의미한다. 이는 먹고살 거리가 많아 경제가 좋을 확률이 높다는 뜻이고, 나라에 먹고살 거리가 많다는 것은 일자리가 풍부하다는 뜻이기 때문에 자연스럽게 고용률도 상승한다. 또한 일자리가 많기 때문에 자영업을 굳이 하지 않아도 된다.

반면, 나라에 먹고살 거리가 없으면 경제가 그리 좋지 않다는 것이고, 이는 사람들이 일할 자리도 풍부하지 않다는 것을 의미한다. 따라서 고용률이 낮아지게 된다. 일자리는 부족하지만, 생계를 유지하기 위해 사람들은 뭐라도 팔아 보며 장사를 시작하게 되고, 이는 자영업자 비율 상승으로 이어진다. 저소득 국가들의 자영업자 비율이 높은 이유이다.

그러나 한국의 경제 구조는 자영업 비율이 높고, 산업 다양성에 비해 고용률은 낮다. 한국은 경제적으로 선진국에 가깝지만, 독특하게도 자영업 비율과 고용률만 봤을 때는 저소득 국가의 모습에 가깝다.

한국의 경제 수준과 비슷하거나 높은 선진국들은 자영업자 비율이 이렇게까지 높지 않다. 영국 15.3%(2019년 영국 통계청 기준), 프랑스 12.4%, 일본 10%, 독일 9,6%(2019년 기준), 캐나다 8.6%, 미국 6.3% 수준으로 한국과 차이가 꽤 난다.

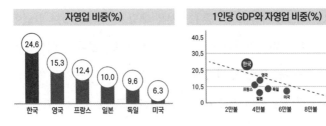

[G5의 자영업 비중과 1인당 GDP]

또한, 한국의 경제 수준과 비슷하거나 높은 선진국들의 고용률도 한국만큼 낮지 않다. 영국, 일본, 독일, 뉴질랜드, 호주, 북유럽 국가들 등 선진국들 대부분이 70%를 넘는다. 한국의 경우 2021년 기준 66.5%으로 OECD 평균 67.8%보다 약간 낮은 편이다. 참고로 한국의 1인당 GDP는 3만 달러 이상으로, 경제적으로 선진국 대열에 포함된다.

왜 한국의 경제는 선진국에 가까운데도 불구하고, 고용률과 자영업 비율은 저소득 국가에 가까운 모습을 보일까?

한국의 경제 구조가 대기업에 크게 영향을 받았기 때문이다. 다시 말해서 높은 대기업의 시장 지배력에 영향을 받아 고용률은 낮아졌고, 자영업 비율은 높아졌다. 이는 자영업자들을 힘들게 만든 원인임과 동시에 지금의 한국 경제 구조를 만든 요인이다. 아이러니하다. 삼성, 현대, SK 등 세계 어디에 내어 놓아도 손색이 없는 대기업들이 한국 경제를 선진국의 대열로 이끌었지만, 반대로 이러한 대기업 때문에 자영업자와 중소기업들이 힘들다고 하니 말이다.

이렇게 한국의 경제 구조가 대기업 중심으로 이루어진 데에는 시기적으로 크게 두 번의 변곡점이 있었다.

첫 번째 변곡점은 박정희 정권의 시기이다. 한국의 대기업들은 1973년 1월 12일 박정희 전 대통령이 중화학공업 선언을 한 다음부터 급격히 성장했다. 박정희 정부는 각종 대기업과 수출 기업들에게 많은 경제적 혜택을 제공하였다. 특히 중화학공업은 대규모 투자가 필요하기 때문에 정부의 적극적인 지원을 받았으며, 국민들로부터도 큰 도움을 받았다. 덕분에 지금의 삼성, 현대, LG, SK 등의 공룡 기업들이 존재할 수 있었다고 본다.[15]

두 번째 변곡점은 1997년 외환위기이다. 1997년 외환위기를 겪은 이후, 외환위기로부터 살아남은 대기업들은 더 강해졌다. 외환위기로 중소기업들은 물론 당시 세 번째로 컸던 대기업인 대우까지 파산하였는데, 이들의 빈자리를 삼성, 현대, SK 등 살아남은 대기업들이 채우면서 더 많은 시장 장악력을 지니게 되었기 때문이다. 그 결과 삼성, 현대, SK는 국제적으로도 인정받고 영향력을 행사하는 기업들이 되었고, 대한민국이 경제적으로 발전한 데에는 분명 이들의 지분도 매우 컸다.[16]

요약하자면, 한국의 경제 구조는 산업 다양성은 있으나, 낮은 고용률과 높은 자영업자 비율과 같이 저소득 국가에서 나타나는 특징을 띠고 있다. **삼성 같은 대기업이 모든 산업의 전반을 지배하고 있기 때문이다. 즉, 중소기업이 벌 돈까지 대기업이 벌고 있는 형국이어서 산업이 다양한데도 불구하고 일자리가 부족하다. 이러한 이유로 경제적으로 선진국인데도 불구하고 고용률은 낮고, 자영업자 비율은 높다.** 그리고 이러한 원인으로는 박정희 정권의 정책과 외환위기를 꼽을 수 있다. 물론, 최근에는 교육받은 젊은 층이 중소기업을 선호하지 않는 것도 원인이지만, 그 이야기는 다음 챕터에서 다루어 보겠다.

그러나 오해하면 안 되는 것이 있다. 프랜차이즈 본사와 대기업의 무자비한 횡포 때문에 중소기업과 자영업자들이 힘들어졌다고 단언하는 것은 아니라는 것이다. 역사적으로 대기업이 성장할 수밖에 없었던 환경이었고, 한국의 기업들은 그 환경을 잘 이용해 한국의 경제를 부상시켰다. 다시 말해서 빛을 본 측면이 있는 반면, 부작용을 본 측면도 생긴 것이다.

왜 사장과 알바생은 싸울 수밖에 없는가?

지금까지 어떠한 이유로 자영업자들이 어려움을 겪게 되었는지를 한국의 경제 구조 속에서 찾아보았다. 그리고 그 이유는 대기업의 시장 지배력에서 기인된 과도한 자영업 비율과 대기업 및 프랜차이즈 본사의 높은 시장 지배력 때문이었다. 이제 이번 챕터의 주제인 사장과 알바생들은 왜 서로 싸우게 되었는지를 알아볼 차례이다.

왜 사장과 알바생은 싸울 수밖에 없을까?

한국의 경제 구조상 원하든, 원하지 않든, 많은 사람들이 먹고살기 위해 자영업자가 되었다. 높은 자영업 비율로 인한 과도한 경쟁과 대기업 및 프랜차이즈 본사의 비용 절감 때문에 몇몇을 제외한 대부분의 자영업자는 생활이 넉넉하지 않다.

여기 치킨집 사장인 정훈도 마찬가지이다. 정훈은 명문대는 아니지만 그럭저럭한 대학교를 졸업한 후에, 대기업은 아니지만, 남들이 알 만한 중견기업에서 20년 동안 몸을 담았다. 하지만, 어느 순간 가정을 이끄는 가장이 된 그의 밑에는 자식만 둘이 있었고, 더 많은 돈을 벌어야 했다. 주변 친구들을 둘러보니, 하나둘씩 개인 사업을 운영하거나 준비하는 경우도 많았고, 그중 몇 명은 사업을 통해 아들딸 대학 등록금까지는 보태줄 종잣돈도 마련하였다. 정훈도 어느덧 나이가 차서 은퇴할 나이도 얼마 남지 않았고, 자식의 앞날을 생각하면 더 많은 돈이 필요했기 때문에 약 5000만 원 정도의 퇴직금을 받고 회사를 나와서 치킨집을 차리기로 하였다. 물론, 남들이 잘된다는 프랜차이즈 치킨집의 개업 비용이 약 2억 원에 달했기 때문에, 퇴직금과 더불어 약 20년 동안 틈틈이 모아 두었던 돈을 영혼까지 끌어 모았다. 심지어는 몇몇의 보험 계약까지 파기했다. 그렇게 하고도 부족한 돈은 조금은 부담되는 금리로 은행에서 대출을 받았다.

그러나 치킨집으로 생활을 전전한다는 것이 마냥 쉬운 일은 아니었다. 어쩌면 중견기업에 남아 있었다면 돈을 더 벌었을 수도 있었다. 경쟁업체, 물가와 함께 상승하는 원재료, 집값과 덩달아 상승하는 임대료 때문에 자영업을 한다는 게 여간 쉬운 일이 아니기 때문이다. 게다가 정훈은 없는 돈까지 끌어모아 장사를 시작했으므로, 금리 인상기가 겹쳐 자칫 수가 틀린다면 신용불량자가 될 수도 있다.

이러한 상황에서 설상가상으로 정부에서는 최저임금까지 올려야 된다고 한다. "최저임금 올리면, 우리 자영업자는 뭐 먹고살라고." 치킨집 사장 정훈이 탄식한다. 정훈이 혼자서 홀을 보며 치킨을 튀기는 것은 사실상 불가능한 일이라, 결국 눈물을 머금고 최저임금에 맞춰 알바생인 유진의 임금을 올리게 되었다. 이로써 정훈의 손에 쥐어지는 돈은 더 줄어들었다.

비록 정훈은 알바생인 유진으로부터 사장님 소리를 듣기는 하나 딱히 그녀보다 사정이 나은 것은 아니다. 그가 한 달에 버는 소득과 아내의 소득을 합해도 세전 500만 원이 조금 넘는다. 자식 둘의 교육비, 생활비, 대출금에 돈을 쓰고 나면 실상 저축할 돈은 얼마 남지 않는다. 어렸을 때부터 사교육 안 시키면 안 된다는 둥, 뭐라도 해야만 우리 애가 뒤처지지 않을 것 같아서 열심히 지원해 주었고, 지금도 현재 진행형이다. 하지만 애들의 본격적인 입시 준비 시기가 되면 지출은 더욱 늘어날 게 뻔한데 감당할 수 있을지 모르겠다.

뉴스를 보니 노후 대비가 되려면 부부가 10억은 넘게 마련해야 한다고 한다. 하지만 10억을 모으기를 바라는 것은커녕, 아이 둘이 경제적으로 독립할 때까지 두 자식에게 들어가는 돈만큼이라도 제대로 벌었으면 하는 것이 나지막한 바람이다. 그런 정훈은 애들에게 충분한 재산을 못 남겨 줄지언정, 빚과 대출만큼은 꼭 남겨 주지 말자고, 독기로 가득 찬 눈물을 머금으며 아내와 함께 굳게 다짐한다. 애들 봐서라도 꼭 같이 버티어 보자고 말이다. 방법은 단 한 가지이다. 내가 힘이 닿을 때까지 더 죽을 듯이, 더 미친 듯이 일하는 수밖에 없다.

그렇게 열심히 죽기 살기로 일하던 중 정훈은 알바생 유진이에게 월급을 줄 날이 다가왔다. 그런데 뭔가 이상한 점을 발견한다. 노동 시간 대비 유진이가 받는 월급과 정훈이 실제로 손에 쥐는 소득이 큰 차이가 나지 않는 것이다. 정훈은 일도 더 많이 열심히 하고, 더 많은 위험과 책임을 지는데도 불구하고, 고작 몇 푼 더 받는다는 게 이해가 안 되고 억울하다.

그리고 저기 매장 한편에서 잠시 쉬면서 핸드폰을 보는 유진이를 발견한다. 몇 시간 뒤면 또 주문이 몰려 들어올 것이기 때문에 미리 홀의 빈 음료수 냉장고부터 채워야 하는데, 핸드폰을 만지작거리고 있는 유진이가 정훈은 탐탁지 않다. 안 그래도 부족한 일손으로 피곤했던 그는 유진이에게 다가간다. 그 이후에 어떻게 될지는 굳이 더 말씀드리지 않겠다.

반대 상황을 보겠다. 최저임금이 인상되어서 유진이는 행복해졌는지 말이다.

유진은 수도권에 있는 그럭저럭 괜찮은 대학교에 입학하여 기숙사에 살고 있다. 나름 열심히 공부하여 대학교에 입학했지만, 온종일 뉴스에서는 우중충한 이야기만 쏟아져 나온다. 대학교를 나와도 취업이 안 된다는 말은 옛이야기다. 이제는 아예 구직조차 하지 않는 청년이 많다는 게 주요 뉴스거리이다. 대학교에 갓 들어간 유진로서는 직접 겪는 문제는 아니지만, 학교 선배들의 이야기를 들어보면 자신의 이야기처럼 느껴진다.

이렇게 어려운 상황에도 불구하고, 유진이는 부모님의 얼굴을 봐서라도 마음을 독하게 먹었다. 부모님이 있는 돈 없는 돈 끌어모아 학비와 기숙사비를 내주시며, 열렬히 응원해 주시기 때문이다.

유진은 모자란 돈을 모으기 위해 정훈이 운영하는 치킨집에서 아르바이트를 하게 된다. 사장님은 최저임금이 올랐다고 탄식을 했지만, 이 돈으로 당장 매 끼니를 해결하는 것도 빠듯하다. 최저임금 올랐다고 좋아했는데 물가는 더 오른 것처럼 느껴진다. 기숙사에서는 취식이 안 되어 밥을 사 먹을 수밖에 없는데 한 끼에 최소 1만 원은 든다. 학식은 그것보다 싸지만, 조만간 1만 원 될 날도 머지않은 것 같다. MT, 연애 등 낭만적인 캠퍼스 라이프는 꿈꾸기도 힘들며 식비, 교통비, 교재비, 학원비, 대외활동 비용, 동아리 활동 비용 등 돈 나갈 곳은 너무 많다. 알바 월급과 부모님 용돈을 보태어 100만 원 좀 안 되는데, 이 돈 가지고 생활하기도 쉽지 않아 알바를 더

해야 할지 고민한다.

　그러나 유진은 알바를 더 할 수 없다. 학점, 토익, 인턴, 대외활동, 동아리, 자격증 등을 챙기기에도 시간이 부족하기 때문이다. 부모님이 만약 지금보다 상황이 어려우셔서 대학 등록금, 기숙사는 물론 용돈을 부담해 주시지 않았다면, 정말 더 미래가 막막했을 것이라 느낀다. 유진은 지금 상황에 감사하며, 오늘 저녁은 편의점에서 때우고 알바를 가기로 한다. 근데 이게 어쩐 일인가? 라면, 삼각김밥, 음료수 다 합해서 5천 원이란다. 이렇게 두 끼만 먹으면서 한 달을 버틴다고 하더라도 월 30만 원이 나간다. 몸은 아마 곧 박살날 테고. 유진이는 걱정을 집어치우기 위해 빨리 먹을 것을 해치우고 정훈의 가게로 향한다.

　정훈의 가게는 최저임금 때문인지 알바생을 많이 뽑지 않아서 유진이가 열심히 일해야 가게가 돌아간다. 유진이는 너무 많은 업무량에 최저임금을 받으려고 이 정도까지 해야 되는지 의문이 들기도 하지만, 이내 밀려오는 손님들에 정신을 잃고 일에 몰두한다.

　잠시 후, 손님이 빠지자 유진이는 인스타그램(SNS)에 올라온 사진들을 보며 한숨 돌린다. 그런데 SNS를 하다 보면 전부 나만 빼고 즐거운 것처럼 느껴진다. 돈 걱정은 하지 않는 것처럼 보이는 부자인 애들, 연예인처럼 생긴 애들의 잘난 주인공 같은 삶 속에, 나는 고작해야 이 세상의 엑스트라 정도인 걸까? 가끔 미디어에서 최저임금을 더 올릴 것이라는 소식이 들려오는데, 유진이는 그런 소식을 접하며 조금이라도 상황이 나아지길 바라는 심정으로 매장 한편에 걸터앉는다. 방금은 주문이 몰리는 시간대였어서 한순간도 쉬지 못했기 때문이다.

그때 사장 정훈이 유진을 발견한다. 그리고 다가간다.

적나라하게 최저임금에 대한 서로의 입장을 얘기해 보면 다음과 같다. 자영업자들은 알바생이 업무 강도에 비해 돈을 많이 받는데도 불구하고, 알바 시간에 딴짓하는 것을 보면, 직업윤리와 책임 의식이 없다고 이야기한다. 반대로, 알바생들은 사장님은 겨우 숙식만 해결할 수 있는 최저임금을 주면서, 최저시급보다 더 많은 것을 바라는 업무 능력을 바라는 것이 불합리하다고 이야기한다.

즉, 양쪽 모두 서로가 가져가는 몫에 대해 불합리하다고 느끼고 있다.

생계를 유지하기 위한 이 둘의 싸움은 뜨거울 수밖에 없다. 둘 다 조금만 더 밥그릇을 뺏기면 정말 낭떠러지로 떨어질 것만 같기 때문이다. 따라서 이들은 서로 부족한 처지에 자신의 밥그릇을 지키기 위해 어느 한쪽은 최저임금이 100원이라도 인상되기를, 다른 한쪽은 제발 오르지만은 않기를 바라고 있다. 그리고 최저임금 논의에 대한 이 둘의 바람은 사회적인 갈등으로도 확장되어, 어느덧 '최저임금 전쟁'과 같은 모습으로 치닫고 있다. 최저임금이 산정되는 기간만 되면 자영업자와 아르바이트생, 진보와 보수, 노동계와 경영계 등이 서로 치열하게 부딪치는 이유이다.

　기본적으로 알바생은 경제적으로 연약하고 언제 잘릴지 모르는 파리 목숨이며, 자영업자도 알바생의 처지와 크게 다르지 않다. 비록 자영업을 운영하는 사장이 알바생을 상대로는 비교적 갑의 위치에 있을지 몰라도, 그 외에는 대부분 을의 입장에 처해 있다. 대기업의 하청 조건과 부동산 임대업자가 제시하는 임대 조건, 그리고 프랜차이즈 본사가 선정한 유통비 및 원가 선정 방식에 어느 사장이 거부하고 대항할 수 있겠는가? 사장도 이들에게는 한없이 약하고 을의 위치에 있는 존재이다. 만약 이들이 제시하는 조건과 방식을 거부하게 되면 다른 자영업자들이 거부한 업자의 자리를 차지하게 된다. 자영업자 숫자는 많고 돈이 나오는 구멍은 적기 때문이다. 그래서 자영업자들은 묵묵히 이들의 요구에 따를 수밖에 없다.

　물론 공정거래위원회라는 기관이 있어 너무 비상식적인 갑질은 법적 책임을 지기도 하지만, 사실 대기업과 프랜차이즈 본사가 하는 행위들이 형평성에 크게 어긋난다고 판단하기도 어려운 부분이 있다. 또한 자본주의 체제에서 독과점 현상은 경제의 효율성을 높이는 측면도 있기 때문에 법적으로 대기업과 프랜차이즈 본사의 귀책사유를 묻는 것도 쉽지 않은 부분이 있다.

유진과 정훈의 사례처럼, 최저임금 인상으로 인한 알바생과 사장 간의 싸움은 피부로 느껴질 만큼 우리의 삶과 밀접한 관련이 있다. 실제로 2021년 기준 만 18~34세의 한 달 평균 생활비는 약 85만 원, 특히 만 18~24세의 평균 생활비는 약 65만 원, 만 25~29세의 평균 생활비는 약 94만 원이다.[17] 더불어 2022년 기준 4인 가구의 한 달 중위소득은 512만 원이다.[18]

분명 유진과 정훈의 이야기는 우리 주변에서 흔히 벌어지고 있는 현실이다. 정훈은 자식을 먹여 살려야만 하는 무거운 짐을 두 어깨에 지고 있는 지극히 평범한 대한민국 가장의 모습이다. 그리고 유진은 결혼을 꿈꾸는 것은커녕, 취업난 속에서 본인의 몸뚱아리를 스스로 먹여 살릴 수 있을까 매일 전전긍긍하고 있는 지극히 평범한 대한민국 20대의 모습이다. 즉, 최저임금 전쟁은 우리 모두의 이야기이다.

이 이야기가 더 비극적인 이유는 알바생인 유진과 사장인 성훈의 관계가 사실상 자식과 부모의 관계라는 것이다. 사장인 성훈도 유진 또래의 자녀가 있고, 성훈의 나이는 유진의 엄마 아빠뻘이다. 그런데 먹고사는 문제 때문에 자식과 부모가 서로의 몫이 불합리하다며 싸워야 한다니, 너무나 가슴 아프고 답답한 상황이다.

이렇게 가슴 아프고 답답한 상황을 조금이라도 개선시켜 보고자 최저임금을 인터넷에 검색해 보아도, 최저임금 인상이 정답이라느니, 최저임금 인하가 정답이라느니, 어느 한쪽의 의견을 비방하며 서로의 싸움을 부추기는 주장과 의견이 태반이다. 어쩌면 모든 갈등이 경제와 연관되어 있고, 이것은 필연적으로 정치적 갈등으로 귀결되기 때문에 자연스러운 현상으로 보인다.

그러나 지금 한국의 기형적인 대기업 중심 경제 구조에서 최저임금을 인상 혹은 인하시키든 간에, 필연적으로 자영업자와 알바생은 싸울 수밖에 없다. '최저임금 전쟁의 본질'은 최저임금 인상으로 알바생의 몫이 커지게 되면, 알바생의 몫이 커진 만큼 자영업자의 몫이 줄어들게 되는 '제로섬(zero-sum) 게임'이기 때문이다. 여기서 제로섬 게임이란 게임의 참여자들이 어떤 선택을 하든 각 참가자의 이득과 손실의 총합이 0(제로)가 되는 게임을 말한다. **근데 애초에 할당된 몫이 부족하여 서로 싸울 수밖에 없다. 비유하자면, 자영업자와 알바생에게 한 끼로 사과 한 개가 주어진 셈이다. 둘이 사과 하나로 한 끼를 해결하기에는 너무 부족하다. 왜냐하면, 대기업과 프랜차이즈 본사가 사과 여러 개를 가져간 후에 남은 사과가 하나밖에 없었기 때문이다.**

따라서 최저임금 전쟁의 본질이 제로섬(zero-sum) 게임이라는 사실을 모른다면, '을의 전쟁'인 '최저임금 전쟁'은 해결될 수 없다. 즉, 길을 잃을 수밖에 없다. 유진과 정훈의 사례처럼, 당장 눈앞에 보이는 각자의 이득에만 집중하여 서로의 것을 탐낸다고 해서 해결될 문제가 아닐 뿐더러, 어느 한쪽만이 이기는 것을 이 전쟁의 목표로 삼게 되면, 모두가 이 전쟁에서 승리할 수 없기 때문이다. 그보다는 최저임금 전쟁이 발발한 한국의 경제 구조를 어떻게 손봐야 모두에게 할당된 몫이 늘어나게 될지 고민해 보며, 모두가 승리할 수 있는 방향을 전쟁의 목표로 삼아야 한다.

갈등은 필연적이지만 최저임금을 둘러싼 전쟁과 같은 갈등의 의의가 퇴색되는 것은 바람직하지 않다. 결국 우리는 갈등을 통해 더욱 첨예한 방법을 고안해 냄으로써, 모두가 한발 더 나아가는 것이 목표이기 때문이다. 마찬가지로 최저임금 전쟁은 우리 모두가 성장할 수 있는 기회가 되어야 한다. 한쪽이 지고 망하는 것이 아닌, 모두가 상생할 수 있는 방향으로 말이다.

다음 챕터에서는 알바생과 사장과의 갈등만큼이나 사회적으로 화제를 불러일으켰던 또 하나의 싸움에 대해서 다루어 볼 것이다. 이 전쟁의 본질과 구조적인 원인을 마음속에 잘 새기고, 다음 논쟁도 살펴보겠다.

딜레마에 빠진 중소기업과 대기업

2018년에 급격한 최저임금 인상으로, 사회 구성원들은 각자의 위치에 따라 최저임금 인상에 대한 입장이 갈리었다. 특히 앞서 알아봤던 사장과 알바생의 입장 차이는 사회적으로 큰 파장을 일으켰다.

이번 챕터 또한, **최저임금 인상으로 대두된 대기업과 중소기업의 딜레마를 살펴볼 것이다. 대기업과 중소기업이 구체적으로 어떤 딜레마에 빠졌는지, 그리고 이것이 최저임금 인상과 맞물리면서 어떤 사회적 파장을 일으키는지에 대해서 말이다.**

하지만 그전에 먼저 중소기업과 대기업을 중점으로 한국의 기업 구조를 분석해 보겠다. 현재 한국의 기업 구조가 어떤 악순환에 빠져서 경제에 부정적인 영향을 미치는지 알아야, 중소기업과 대기업이 빠진 딜레마를 상세히 파악할 수 있기 때문이다.

중소기업과 대기업의 실태는?

「2020년 기준 중소기업 기본통계」의 주요 내용을 토대로, 한국의 기업 구조의 개요를 살펴보겠다.

20년 말 기준 우리나라 중소기업은 전체 기업의 99.9%를 차지했으며, 중소기업 종사자는 약 1,750만 명으로 전체 기업 종사자의 약 80%를, 매출액은 약 2,700조로 전체 기업 매출액의 약 절반을 차지하였다. 한국의 전체 대기업과 중소기업 간의 매출액은 비슷한데 종사자 수는 중소기업이 4배나 많은 것이다.

조금 더 세부적으로 기업 규모에 따른 경제생산량을 확인해 보자. 가령 대한민국에는 총 10명의 사람이 있고 대한민국의 연간 총생산량은 사과 10개라고 가정해 보겠다. 이때 소상공인 4명은 사과 2개, 소기업 종사자 2명은 사과 1개, 중기업 종사자 2명은 사과 2개, 그리고 무려 대기업 종사자들은 2명에서 사과 5개를 생산한다. 평균적으로 소기업에서 근무하는 종사자와 소상공인 한 명은 사과 0.5개, 중기업 종사자는 1개, 대기업 종사자는 2.5개를 생산하고 있는 셈이다.

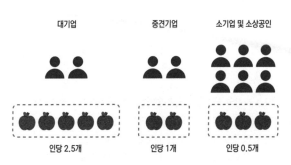

[사과로 표현한 사업 규모별 종사자 수와 매출액]

충격적인 것은 소상공인이 운영하는 업장에서 일하는 사람들은 전체 종사자 중 거의 절반에 가까우나, 이들이 벌어들이는 총소득은 전체 매출액 중 20%가 안 된다. 참고로 정의상 자영업자와 소상공인의 차이가 존재하긴 하지만, 영세한 자영업자들이 편의상 소상공인으로 불린다. 쉽게 생각해서 이 두 단어에 포함되는 사람들을 편의점, 동네 미용실, 치킨집 사장님들로 간주하면 된다.*

한편, 대기업의 상황은 정반대이다. 특히 한국의 대표 대기업인 삼성전자만 보아도 2022년 기준, 약 종사자 12만 명에서 300조의 매출액을 달성하였다. 2020년 기준 대한민국 기업들의 총매출액 합이 약 5700조, 전체 종사자 수가 약 2200만 명인 걸 고려하면 엄청난 생산성이다. 0.5%의 사람들이 한국 전체 매출액의 5%를 차지하고 있다. 대한민국 국민이 200명, 총생산량이 사과 200개라고 가정하면, 삼성전자 종사자 한 명이 사과 10개를 생산하고 있는 현황이다. 이는 평균적인 소상공인과 소기업의 생산성보다 20배 높은 수치이다. 대한민국 국민 200명 중, 소상공인 80명이 사과를 40개밖에 생산하지 못한다는 사실을 알면 더욱 대기업의 높은 생산성

---

* 자영업자는 자신의 사업을 가지고 일하는 사람을 뜻한다. 그런데 여기에는 변호사, 의사부터 노점상, 농어민까지도 포함되므로, 보통 매체에서 얘기하는 자영업자는 소상공인과 같이 주로 영세한 자영업자들을 가리킨다. 소상공인이란 사업자등록증이 있고, 3년 평균 매출액이 10억에서 120억 미만이며, 업종별로 다르지만 5인 혹은 10인 미만의 상시근로자가 있는 사업자를 일컫는다. 사실상 자영업자의 여러 종류 중 하나가 소상공인인 것이다.

이 체감될 것이다. 따지고 보면 소상공인 20명이 생산할 양을 삼성 전자 종사자 1명에서 생산하고 있으니 말이다. 이를 통해 대기업의 생산성이 매우 높다는 것을 파악할 수 있다.

이제 한국의 임금 구조를 알아보겠다. 2021년의 대기업과 중소 기업 소득은 2020년 대비 모두 상승하였지만, 대기업 임금 상승률 이 중소기업의 임금 상승률보다 컸다. 안 그래도 대기업의 평균임 금이 중소기업보다 두 배 이상 높은데, 이 차이가 2021년에도 벌어 졌다.

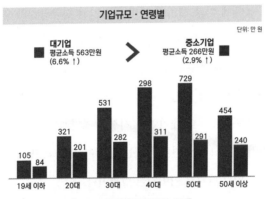

[2021년 임금근로일자리 소득]

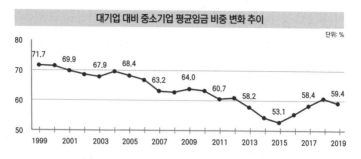

대기업 대비 중소기업 평균임금 비중 변화 추이

단위: %

71.7 69.9 67.9 68.4 63.2 64.0 60.7 58.2 53.1 58.4 59.4

1999 2001 2003 2005 2007 2009 2011 2013 2015 2017 2019

[최근 20년의 대 · 중소기업 간 노동시장 격차 분석]

1999년부터 2019년까지 20년 사이에 대기업과 중소기업 간의 임금이 약 12%p나 격차가 벌어졌다. 이 말은 지난 20년간 중소기업의 임금 상승률보다 대기업의 임금 상승률이 가팔랐다는 것을 의미한다. 통계에 따라 대기업 대비 중소기업 평균임금의 수치가 미세하게 달라지기도 하지만, 지속해서 대기업과 중소기업의 임금 격차가 벌어지는 현상에 관해서는 이견이 없을 것이다.

따라서 **현재 한국 기업 구조의 실태를 정리하자면 다음과 같다. 높은 생산성을 토대로 대기업은 시장을 장악하고 있지만, 그에 반해 중소기업은 고전을 면치 못하는 실정이다. 그리고 이 둘의 생산성 차이는 임금 격차로 이어지는 상황이다.**

중소기업과 대기업의 격차가 문제되는 이유

꽤 많은 분들이 '기형적인 대기업 중심의 구조가 왜 문제인지'에 대해서 다양한 매체를 통해 어깨너머 들어 보았을 것 같다. **그런데 구체적으로 왜 기형적인 대기업 중심 구조는 문제일까?**

첫째, 유능한 인재들의 사회적 진출이 늦어짐에 따라서, 다방면으로 인재를 활용하지 못하는 경제적 손실이 발생하기 때문이다.

대학에서 교육을 받은 인재는 기본적으로 고임금을 요구한다. 교육에 쏟은 투자 비용을 상쇄하고자 하기 때문이다. 하지만 현재 고용의 약 90%를 차지하는 중소기업이 이들에게 비용을 지불할 수 있는 능력이 없다. 즉, 높은 교육열로 능력 있는 인재들은 이전보다 많아졌으나, 대기업이나 전문직 등 일부 직업군을 제외하고는 능력 있는 인재들을 활용할 환경이 현재 미흡한 실정이다. 실제로 상당수가 대기업 취직이나 전문직 시험에 매달려 있다. 빨리 일을 시켜서 국가 경제에 도움이 될 수 있게끔 해야 하는데, 그렇지 못하니 이는 엄청난 국가적 손실일 수밖에 없다.

둘째, 임금 격차에서 비롯된 상대적 빈곤이 사회적 갈등을 일으키고 있고, 이로 인해 발생하는 사회 경제적 비용이 커지고 있기 때

문이다.

단순히 능력 있는 인재들을 제대로 활용하지 못하여 발생하는 경제적 손실만이 문제가 아니다. 더 큰 문제는 사회 구성원 사이의 상대적 빈곤이 더 많은 사회적 비용을 초래하고 있기 것이다. 누군가는 대기업에 취직하지 못하고 중소기업의 임금을 받고 살아간다. 과연 대기업 취직에 실패한 사람들은 제대로 된 삶을 영위하며 살아갈 수 있을까? 분명 어려움을 겪을 것이다. 물론 여기서 말하는 어려움이란, 먹고사는 것의 일차원적인 어려움이 아니다. 특정 시대에 기본적인 것 혹은 관념적으로 행해지는 것들을 중소기업 월급으로 실현하기 어렵다는 이야기이다. 예를 들어 장차 내가 결혼은 할 수 있을지, 애는 잘 키울 수 있을지, 노후를 잘 보낼 수 있을지 등에 관한 어려움 말이다.

지금은 사실상 대기업, 전문직 등에 종사하지 않으면 결혼, 자녀 계획은 꿈도 꾸지 못하는 게 한국의 현실이다. 30대 남성 미혼율이 약 50%인 사실만 보아도 이제 결혼은 가진 자만이 할 수 있는 상황이 되었다. [19] 또한 2022년의 합계 출산율은 0.78명으로 집계되었다. [20] 미혼율과 출산율이 증명하듯이 이렇게 살기 팍팍한 환경에서 2021년의 중소기업 평균임금인 266만 원으로 결혼 및 자녀 문제를 해결하기 쉽지 않다. [21]

지속적인 임금 격차에서 비롯된 상대적 빈곤은 사회 구성원들 간의 믿음과 사회에 대한 신뢰를 좌초시킨다. 빈부격차가 큰 나라일수록 사회에 혼란이 많다는 점을 확인해 보면 알 수 있는 대목이다. 이러한 사회 내 갈등과 혼란은 더 많은 사회적 비용을 야기한다. 즉, 경제적 손실을 야기한다. 조금 더 깊숙이 보면 빈부격차에서 비롯된 사회적 문제는 정의, 도덕, 윤리의 근간을 흔드는 재앙으로도 번질 수 있기 때문에 조심해야 한다.

악순환에 빠진 중소기업을 구할 방법은 존재하나?

기형적인 대기업 중심의 구조에서 발생하는 경제적 손실을 줄이기 위해서 결국 우리가 해결해야 할 숙제는 '중소기업이 어떻게 경쟁력을 되찾을 수 있을까?'이다. 중소기업이 경쟁력을 되찾게 되면, 임금 격차 문제는 해결될 것은 물론, 대기업 중심의 구조에서 발생하는 경제적 손실 문제도 줄일 수 있기 때문이다.

사실 이 숙제에 대한 답은 간단하다. 중소기업이 경쟁력을 확보하기 위해서는 근본적으로
1) 좋은 인재를 확보하거나
2) 생산성을 높이기 위한 미래의 투자가 필요하다.

그러나 말처럼 쉽게 문제는 해결되지 않는다. 이 두 가지 해결 방

법을 안다고 하더라도, 실제로 실행하기에는 현실적인 한계가 있기 때문이다. 각 해결 방법이 어떤 한계에 부딪히는지 차근차근 알아보겠다.

1) 좋은 인재들이 중소기업에서 적은 돈을 받고 근무해야 할 이유가 없으므로, 중소기업은 좋은 인재를 확보하기 어렵다.

한국의 엄청난 교육열로 인해 현재 근로자들의 근무 요구조건은 높아졌지만, 그에 반해 중소기업 임금은 턱없이 낮은 상황이다. 쉽게 말해서 눈이 높아진 근로자들을 끌어들일 만큼 중소기업에서 근무하는 것이 매력적이지 않다. 하지만 이는 전혀 이상한 현상이 아니라는 점을 밝힌다. 요즘 젊은이들을 '복에 겨운 청년들'이라고 느끼실 수도 있지만, 그들은 필연적으로 눈이 높아질 수밖에 없었다.

그도 그럴 게, 한국의 20대 초반 중 70%는 대학생이다.[22] 이는 2019년 기준 경제협력개발기구(OECD)에 속해 있는 나라 중 1위인 수치이다. OECD 평균이 44.9%인 점을 감안하면 정말 높은 수준이다. 역시 세계에서 가장 교육열이 뛰어나다고 소문난 국가답다.

이렇게 대학 진학률이 높다는 것은 청년들 한 명 한 명에게 엄청난 투자가 이루어졌다는 현실을 의미한다. 그러므로 엄청난 투자를 받은 요즘 청년들에게는 적어도 투자된 돈을 회수할 수 있는 정도의 직장을 꿈꾸는 건 당연하다. 그런데 이런 상황에서 중소기업이

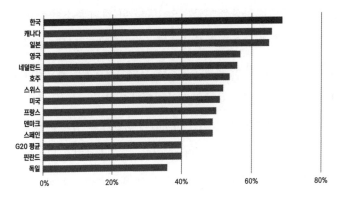

[2019년 OECD 국가별 대학 진학률]

낮은 임금으로 똑똑한 인재들을 끌어들이기에는 무리가 있다. 4년
제 대학교를 졸업하더라도 최저 월급과 별반 다르지 않은 중소기업
월급을 받고 일하게 되면 투자된 돈이 회수되지 않기 때문이다.

　실제로 2021년 최저임금 8,720원 기준으로 환산한 최저 월급은
1,822,480원이다.* 2021년 평균소득 266만 원인 중소기업의 월급과
그다지 큰 차이가 나지 않는다. 특히 중소기업에서 근무하는 20대
가 평균적으로 받는 월급과 최저임금은 거의 차이가 나지 않는다.
사회 초년생 기준으로 일시적으로 알바를 통해 번 월급과 중소기
업에 취직하여 번 월급이 차이가 없다는 말이다. 실제로 2022년 기

---

* 2021년 최저임금 8,720원 기준으로 주 40시간, 월 209시간 기준, 유급 주휴 포함한
　최저 월급은 1,822,480원이다.

준 최저임금으로 환산한 월급은 약 190만 원, 한편 중소기업 4년제 대졸의 초봉을 월급으로 환산하면 약 240만 원이다. 전문대졸과 고졸은 각각 약 230만 원, 220만 원이다. [23] 최저임금으로 환산한 월급과 중소기업에서 받는 월급은 거의 차이가 없다.

물론, 전체 취업자 중 10%만 대기업에 취업할 수 있기 때문에 누군가는 중소기업에 취직할 수밖에 없다. 그러나 대학을 나와도 대학을 나오지 않은 사람과 같은 임금을 받아야 한다는 현실은 많은 인재들로 하여금, 다시 한번 전문직과 대기업 취직에 도전하게 만든다. 중소기업에 남아서 이곳을 발전시키려고 하기보다는 말이다. 당연히 대학 등록금과 20대의 반 이상을 투자한 사람들에게는 너무나 기회비용*이 크기 때문이다. 다른 이야기이지만, 이는 바로 앞에서 살펴보았듯이, 대기업 중심 구조로 인해 다방면으로 유능한 인재를 활용하지 못해서 발생하는 일이다. 크나큰 경제적 손실이다.

어찌 보면 대학을 가지 않고, 처음부터 최저임금을 받고 일하는 방안이 나을 수 있다. 어차피 대학을 졸업해도 대기업에 취직할 확률이 낮으므로 대부분은 최저임금과 별 차이 나지 않는 임금을 받을 확률이 높으니까. 대학 가서 졸업장을 따는 데 드는 시간과 비용을 들일 바에야, 그 시간 동안 돈을 버는 방안이 현명해 보일 수 있다.

---

* 기회비용이란 선택에 따른 진정한 비용으로, 여러 대안 중 하나의 선택을 하였을 때, 포기한 대안 중 가장 좋은 것의 비용을 말한다.

그러나 상당수가 이러한 현실을 알고 있음에도 불구하고, 아직까지 다수의 사람들이 대학을 간다. 그 이유는 크게 두 가지라고 판단된다. 첫 번째는 현재 교육 체계가 입시에 초점이 맞춰져 있어서 다른 길로 가는 것이 어색하고, 또 그 길에 어떤 위험이 도사리고 있을지 몰라 미리 겁을 먹는다. 실제로 보편적이지 않은 길로 가서 성공하는 것은 매우 어렵다. 본인만의 사업을 한다고 하더라도 자영업자 비율이 높아서 경쟁이 매우 치열하기 때문이다. 두 번째는 고등학교를 졸업하자마자 경제 활동을 하더라도 미래는 여전히 불확실하다. 고등학교를 졸업하자마자 돈을 번다고 하더라도 최저임금으로 번 돈만으로는 결혼과 자녀 문제를 해결하기에 넉넉지 않기 때문이다.

결국 경제적으로 안정적인 미래를 꿈꾸기 위해서는 대기업 혹은 전문직에 종사하는 수밖에 없다. 실패할 확률이 매우 높더라도, 살아남을 구멍이 그것밖에 없으니 경쟁에 뛰어들 수밖에 없는 것이다. 그렇게 하지 않는다면 애초에 미래라는 그림을 꿈꾸는 것조차 힘드니 말이다. [24)

이러한 현실 때문에 중소기업들은 스스로 경쟁력을 되찾기 위해 좋은 인재들을 끌어들여야 한다는 해결 방안을 알고 있음에도 불구하고, 이 방안을 실행할 수 없다. **능력 있는 소수의 인재들이 중소기업에서 적은 돈을 받고 근무해야 할 이유가 없을 뿐더러, 설령 그**

들이 중소기업에서 일하게 된다고 하더라도, 언젠가는 경제적인 안정을 찾기 위해 대기업 혹은 전문직에 종사하고자 할 것이니까.[25]

2) 중소기업에게는 좋은 인재를 뽑을 돈도 부족한데 미래에 투자할 돈이 충분할 리가 없다.

만약 중소기업이 미래에 대한 투자를 진행하더라도 질적으로 보나, 양적으로 보나, 대기업을 따라잡기에는 턱없이 부족할 것이다. 중소기업 자체가 대기업에 비해 규모가 작다 보니, 필연적으로 투자의 규모나 질적인 측면에서 뒤떨어질 수밖에 없다.

물론 대기업이 가지지 못하는 중소기업만의 장점도 있다. 중소기업은 기본적으로 대기업에 비해 과감한 시도를 할 수 있기 때문이다. 실제로 이러한 시도를 통해 새로운 아이디어나 혁신적인 기술, 방법으로 자신의 입지를 입증시켜 온 사례들이 있다. 하지만 극히 소수의 중소기업만 대기업으로 성장할 수 있는 기회가 주어지는 현실에서, 모든 중소기업에게 기발한 아이디어와 혁신만으로 대기업이라는 벽을 뛰어넘으라고 말하기는 쉽지 않다. 중소기업에게 기발하고 혁신적인 아이디어만으로 공룡기업을 뛰어넘으라고 하는 것은 계란으로 바위 치기를 하라는 말과 같으니까.

따라서 중소기업의 악순환은 다음 자료와 같이 반복된다.

[중소기업의 악순환]

[How to Get Your First Job in Data Science without
Any Work Experience]

한때 인터넷에서 크게 화제가 되었던 구직 현황 유머에 빗대어,
중소기업의 현 상황을 설명해 보자면 다음과 같다. 많은 회사들은

취직이 어려운 취업 준비생들에게 좋은 회사에 취직할 수 있는 주요 방법으로 다수의 실무 경험을 하면 된다고 말한다. 그런데 애초에 신입을 안 뽑아서 실무 경험을 할 수가 없는데 회사 측에서는 일하고 싶으면 실무 경험을 쌓으라고 한다. 그러자 취업 준비생들은 분노의 목소리로 "일을 시켜 줘야 경력을 쌓지 않겠습니까?"라고 소리치며, 이에 회사는 "일을 하고 싶으면 경력을 쌓으라고!" 대꾸한다.

중소기업의 상황도 마찬가지이다. 우리는 중소기업에게 "경쟁력을 갖추기 위해서는 좋은 인재와 미래에 대한 투자를 해!"라고 이야기하지만, 중소기업은 "좋은 인재 확보와 미래에 대한 투자를 할 수 없는데 어떻게 경쟁력을 갖춰?"라고 말하는 상황이다. 중소기업에게는 애초에 두 방법을 진행할 수 있는 상황이 아니었기 때문에 지금과 같은 상황을 맞이한 것이다.

딜레마에 빠진 기업들과 최저임금

바로 이전 소주제에서 알아보았듯, 중소기업은 스스로 악순환의 늪에서 빠져나올 수 없다. 중소기업의 경쟁력 제고를 위해서는 중소기업 스스로의 노력보다도 외부로부터의 새로운 움직임이 필요하다. 현재의 구조에서 중소기업이 자연스레 바뀔 수 있는 부분이 적기 때문에, 현재의 구조 자체를 뿌리째 건드려야 해당 문제가 개선될 수 있다는 이야기이다.

중소기업의 악순환에서 가장 간단한 방법은 정책적으로 현재의 구조를 바꾸는 방안이 있겠다. 정부가 중소기업을 대상으로 적극적인 지원을 하게 되면 분명 전보다는 나아질 수 있을 테니까.

그러나 이 또한 말처럼 간단하게 실행될 수 있는 문제가 아니다. 정부가 이 문제를 해결하는 데에 드는 비용과 자원이 다른 것을 포기할 만큼 값어치가 있는지 판단해야 한다. 자원은 한정되어 있고, 한정된 자원으로 중소기업과 대기업을 둘 다 적극적으로 지원하는 것은 한계가 있다. 쟁점은 대기업과 중소기업 중 어디에 투자해야 더 많은 경제 효과를 기대할 수 있느냐이다.

한국은 산업화 이후로 꾸준히 제조업 분야의 대기업의 수출을 통해 먹고살았다. 특히, 제조업 분야의 수출 전략은 대기업이 대규모의 경제를 일으켜 재화의 원가를 낮출수록 유리해지는데, 이는 결국 대기업이 원가를 낮출 수 있는 환경이 조성되어야 함을 뜻한다. 다시 말해서 대기업은 원가를 낮춤으로써 생산성을 높여야 한다. 그리고 여태 한국 경제의 성장 방향은 대기업이 국제 시장에서 가격경쟁력을 통해 살아남을 수 있도록 대기업의 생산성을 높이는 것이었다. 이런 전략은 나름대로 빛을 발했다. 한국 경제를 선진국의 대열로 끌어올렸으니까. 하지만 대기업이 높은 생산성을 갖출 수 있기 위해서 누군가는 원가를 낮추기 위해 엄청난 노력을 해야 한다. 즉, 중소기업이 대기업을 상대로 별다른 이점을 가져가기 힘들어 대기업에 종속되어 하청을 받아야만 먹고살 수 있는 구조가 만들어진다. 이에 따라 한국의 중소기업은 대기업이 요구하는 가격경쟁력을 만족시키기 위해 서로 단가경쟁을 하며, 피를 튀기게 되었다. 하지만 이러한 상황은 열악한 중소기업의 구인구직 환경으로 이어졌고, 자연스럽게 능력 있는 인재들은 중소기업 취업을 더욱 기피하게 되었다. 그에 따라서 중소기업의 경쟁력은 더욱 하락하였다.

여기서 만약 한국의 대기업이 본인들의 높은 생산성을 유지하기 위해, 경쟁력이 떨어지고 있는 국내 중소기업 대신 해외 기업들과 많은 협력을 하게 된다면, 국내 중소기업의 입지는 더더욱 줄어들 것이다. 이는 더 많은 사람이 상대적 빈곤에 빠진다는 것, 더 많은 인재들을 낭비한다는 것을 의미한다. 주류 경제학에 따르면 자유무역이 전 세계 경제적 파이와 규모를 늘리기는 하지만, 그 커진 경제적 파이와 규모가 모든 사회 구성원들에게 분배되지 않을 수 있다고 밝히는 것처럼 말이다. 대기업과 중소기업의 격차를 해결하지 않으면 자연적으로 그 격차는 더욱 커질 것이다.

다시 말해, **소위 현재 한국의 경제 구조는 대기업 원-툴(One-**

Tool)*이므로, 만약 중소기업 역량 강화를 위해 제한된 자원으로 중소기업에 투자를 늘렸다가는, 국내 대기업의 역량이 국제적으로 뒤처져서 한국 경제가 힘들어질 수 있다. 즉, 중소기업과 대기업의 운명은 딜레마에 빠졌다.

안 그래도 최근 들어 삼성의 반도체 역량이 뒤쳐지고 있다는 소식이 들린다. 현재는 중소기업보다 국민들의 밥을 더 많이 먹여 줄 수 있는 대기업을 어쩔 수 없이 지원할 수밖에 없는 상황이다. 당장 대기업이 돈을 벌어야 한국 경제가 지탱할 수 있으니까.

그러나 장기적으로는 중소기업의 양적 역량은 물론, 질적 역량까지 올라와야 경제가 지탱되는 것도 사실이다. 그래야 더 많은 사람들이 양질의 일자리를 갖게 됨에 따라서, 유능한 인재들을 활용하지 못하는 비효율성, 상대적 빈곤에서 비롯된 사회적 혼란 문제가 해결되니까. 하지만 현재 중소기업과 대기업 중 어느 누구에게도 섣불리 투자를 할 수가 없다.

어느 선택이 더 합리적인가? 둘 다 지원하는 것이 가장 좋은 방법이지만, 그럴 여력이 되지 않는다면 말이다. 현실 세계는 제가 말씀드린 것만큼 극단적인 양자택일의 상황은 아니지만, 이해를 돕기 위해 간단하게 모형화한 것이니 오해 없길 바란다.

---

* 여러 가지 능력 중 특정 하나에만 몰려 있다는 뜻이다.

다음으로 이 딜레마가 최저임금 인상과 어떤 관련이 있는지 알아보도록 하겠다. 이것이 최저임금 인상과 어떻게 결부되어 사회적 파장과 마찰을 야기하는지 말이다. 첫 번째 갈등부터 순차적으로 알아보겠다.

첫째, 중소기업 종사자와 경영진의 제로섬(zero-sum) 싸움이다.

현재 중소기업의 임금과 최저임금은 거의 차이 나지 않으므로, 중소기업에서는 상당수의 노동자가 최저임금의 영향을 받는 것으로 보인다. 실제로 최저임금 수준의 근로자를 고용하고 있는 중소기업 중 약 70%는 최저임금 인상 시에 고용 감축을 고려할 정도로, 최저임금 인상에 따른 임금 상승 압박을 느끼고 있다.[26] 다시 말해서 많은 중소기업이 최저임금의 영향권 아래에 있다고 볼 수 있다. 그리고 개인적으로 이러한 상황을 다른 관점에서 해석할 수 있다고 생각하는데, 그것은 **현재 최저임금이 인상되지 않으면 중소기업 근로자의 월급 또한 올라가지 않는 실정이라는 것이다. 하지만 중소기업 근로자의 월급을 올려야겠다고 무작정 최저임금을 인상하게 되면, 중소기업의 경쟁력은 더욱 뒤떨어지는 상황이다. 즉, 현재 최저임금에 대한 인상, 인하 논의는 한정된 몫을 가지고 생계를 다투는 제로섬(zero-sum) 싸움이다.** 이것이 최저임금 인상으로 발생한 첫 번째 사회적 마찰이다.

이전에 사람들 대부분은 대학 졸업 후 대기업에 취직할 확률이 낮더라도 별다른 수가 없으니 대학에 진학한다고 말했다. 그렇다면 실제로 공부를 열심히 하여 대학을 졸업했는데도 불구하고 경쟁에서 뒤처져 어쩔 수 없이 중소기업에 간 사람들의 심정은 어떨까? 분명 억울할 것이다. 상향 평준화된 인재들에게 중소기업과 대기업 취직은 미세한 차이로 결정된다. 대기업을 간 내 친구가 중소기업을 간 나보다 월등히 능력이 뛰어나지도 않은 것 같은데, 연봉은 두 배 이상으로 벌어지고 있는 현상을 보면 좋은 감정은 들지 않을 것이다. 친구가 다니는 대기업은 무슨 어닝서프라이즈* 등이니 뭐니 하면서 보너스도 엄청 주고, 고정급 인상률도 높은데, 내가 다니는 중소기업 월급은 최저임금이 오른 만큼만 오른다. 중소기업은 생산성이 낮아서 자체적으로 임금을 인상할 여력이 없기 때문이다.

결국 중소기업 월급이 인상되려면 최저임금이 올라야 하는 상황으로 보이기 때문에, 중소기업을 다니는 사람들이 최저임금 논쟁을 민감하게 받아들일 수밖에 없다. 최저임금 인상률에 따라서 본인의 경제 상황이 직접적으로 좌지우지되므로, 대부분의 중소기업 종사자들은 최저임금이 오르기를 바라는 상황이다.

그러나 이에 반대하는 이도 있다. 바로 중소기업을 운영하는 경영진이다. 안 그래도 대기업의 높은 생산성으로부터 살아남으려면

---

* 기업의 실적 예상보다 높았을 때를 이야기하는 말.

기업을 위한 투자가 절실한데, 최저임금 인상으로 인건비 지출이 커지게 되면 투자 자금이 부족해지기 때문이다. 그런데 이러한 상황에서 설상가상으로 최저임금까지 올리겠다니. 경영진 또한 골머리를 앓을 수밖에 없다.

둘째, 심화된 대기업과 중소기업 간의 갈등이다.[27]

최저임금 인상으로 인해 중소기업은 대기업에게 원한과 앙심을 품게 되었다. 결과적으로 대기업의 높은 생산성으로부터 피해를 입은 중소기업이 최저임금 인상으로, 한 번 더 대기업의 높은 생산성으로 인해 그들의 처지가 악화되었다고 생각하기 때문이다. 둘의 관계가 더 적대적인 방향으로 흘러가 사회 내 갈등을 초래한 것이다.

그렇다고 해서 최저임금 인상으로 중소기업이 대기업에게 직접적으로 적대적인 태도를 취했다는 말은 아니다. 중소기업이 조금이라도 대기업에게 미움을 사게 되면, 이들의 밥줄이 끊길 수도 있기 때문이다. **중소기업이 대기업 앞에서는 이쁨을 받으려고 하지만, 구조적으로는 중소기업이 그들의 부진 혹은 실패를 대기업에게 탓할 수밖에 없는 상황이다.** 두 번째 마찰이 생기는 지점이다.

마지막으로, 최저임금 인상으로 발생한 세 번째 사회적 마찰은

정치적 갈등이다.

사실 첫 번째 파트에서 짚어 보았듯이, 모든 갈등과 마찰은 경제와 연관되어 있고, 이는 필연적으로 정치적 갈등으로 귀결될 수밖에 없다. 그런 의미에서 위 두 가지 마찰 또한 불가피하게 정치적인 대립을 촉발시킨다. 안 그래도 대기업에게 하청을 받기 위해 중소기업들끼리 서로 피 튀기는 경쟁을 해서 남는 게 없는데, 최저임금을 올리겠다 하면 그 불만의 화살은 분명 그 인상을 단행한 정권으로 향할 것이다. 따라서 이것이 최저임금 인상으로 발생한 세 번째 사회적 갈등이 된다.

그리고, 이 세 가지 갈등이 일어날 수밖에 없었던 이유는 사면초가에 놓인 대기업과 중소기업의 구조적인 딜레마에 있다. 따라서 최저임금을 인상하거나 혹은 인하하는 것 자체가 대기업과 중소기업의 구조적인 딜레마에서 발생된 피해자들의 목을 조이는 행위이다. 최저임금을 인상하는 것은 중소기업 경영자들을 옥죄는 행위이며, 최저임금을 인하하거나 동결하는 것은 중소기업 종사자들을 옥죄는 행위이다. 애초에 이들은 대기업의 높은 생산성으로 인해 경제적 부족함을 느낄 수밖에 없기 때문이다.

앞서 말했듯이 최저임금 전쟁의 본질은 제로섬(zero-sum) 게임이다. 알바생과 사장님 간의 관계와 같이, 중소기업 경영진과 근로자들 또한 한정된 몫으로 다투고 있기 때문이다.

즉, 최저임금 전쟁은 단순히 최저임금을 인상, 혹은 인하시키는 방식으로 해결되지 않는다. 그보다는 기형적인 대기업과 중소기업의 경제 구조를 개편해야 해결된다. 이 구조를 개편하지 않는 이상 필연적으로 누군가는 경제적으로 희생을 당하거나 부족함을 느낄 것이다. 하지만 그렇다고 당장 대기업과 중소기업의 구조를 개편하기에는 국가의 미래가 달려 있는 문제이기 때문에 쉽게 건드릴 수 없다. 너무 어려운 문제이다. 문제를 해결하기 위해서는 무언가를 건드려야 하는데, 무언가를 건드림으로 인해 큰 해를 입을 수도 있다는 현실이 가슴을 막막하게 한다.

결국 우리가 할 수 있는 최선의 방법은 이 전쟁의 본질을 파악한 다음, 기존에 주어진 단서와 패턴으로 더 나은 선택을 하는 것이다.

[제로섬 싸움 일러스트]

요점 정리

이 책의 가장 핵심적인 세 번째 파트로 넘어가기 앞서, 두 번째 파트의 주요 내용을 정리해 보는 시간을 갖겠다.

먼저 첫 번째 챕터에서는 문재인 정부가 경기를 끌어올리기 위해 총수요를 상승시켜서 적극적인 최저임금 인상 정책을 단행하였다는 것을 알아보았다. 이러한 최저임금 인상 정책 덕분에 임금 근로자가 받는 총임금이 늘어난 것은 사실이었으나, 저임금 근로자 중에서도 나름 경쟁력 있는 근로자만, 즉 임시직 및 일용직 저임금 근로자보다는 저임금 상용직 근로자를 중심으로 혜택을 보게 되었다. 이러한 문재인 정부의 성과는 개인의 가치관에 따라서 나뉘는 문제이지만, 가장 확실한 것은 급격한 최저임금 인상으로 최저임금 전쟁의 총성이 울렸다.

또한 나머지 두 챕터에서, 최저임금 전쟁의 본질이 사장과 알바생, 중소기업 종사자와 경영진 간의 제로섬(zero-sum) 게임이라는 것을 파악했다.

따라서 이 사실을 모른다면 을의 전쟁인 최저임금 전쟁은 해결될 수 없고, 길을 잃을 수밖에 없다는 것을 확인했다. 결국 최저임금 전쟁은 얼마 남지 않은 부와 권력을 점유하기 위한 저소득층 간의 처절한 제로섬 싸움이므로, 단순히 최저임금을 인상, 혹은 인하시키는 방식으로 해결되지 않기 때문이다. 그보다는 최저임금 전쟁이 발발한 한국의 경제 구조를 손봐야 해결되는 문제이므로, 모두가 승리할 수 있는 방향을 전쟁의 목표로 삼아야 한다고 하였다. 최저임금 전쟁은 필연적이지만, 전쟁의 의의가 퇴색되어 길을 잃게 되면 안 된다. 우리의 목표는 이 전쟁을 통해 더욱 첨예한 방법을 고안해 냄으로써 모두가 한발 더 나아가는 것이니까.

다음으로, 급격한 최저임금 인상이 한국의 독특한 경제 구조 아래에서 어떻게 전쟁과 흡사한 사회적 갈등을 유발했는지에 관해 확인해 보았다. 주요 갈등은 다음과 같았다. 사장과 알바생, 중소기업 종사자와 경영진 간의 제로섬(zero-sum) 싸움을 건드렸다는 것. 중소기업과 대기업의 갈등을 심화시켰다는 것. 이로 인한 정치적 갈등을 부추겼다는 것. 그리고 전쟁같이 서로가 격렬해진 이 모든 갈등의 배경은 기형적인 대기업 중심의 한국의 경제 구조에 있었다.

마지막으로, 딜레마에 빠진 중소기업과 대기업에 대해서도 알아보았다. 소위 현재 한국의 경제 구조는 대기업 원-툴(One-Tool)이므로, 중소기업 역량 강화를 위해 제한된 자원으로 중소기업에 투자를 늘렸다가, 국내 대기업의 역량이 국제적으로 뒤처져서 한국 경제가 힘들어질 수 있다. 당장 대기업이 돈을 벌어야 한국 경제가 지탱할 수 있는 것도 사실이고, 장기적으로는 중소기업의 역량이 올라와야 경제가 지탱되는 것도 사실이다. 지금 대기업을 지원하지 않았다가는 한국 경제가 많이 힘들어질 수도 있는 것이다. 다만, 중소기업을 지원하지 않았다가는 서서히 한국 경제는 어둠에 잠식당할 가능성이 높다.

질문은 이거다. 길 잃은 최저임금 전쟁, 해답은 무엇일까?

Part 3

딜레마에 빠진
최저임금 전쟁,
해답은 무엇인가?

딜레마에 빠진 전쟁, 길 잃은 전쟁,

그 해답은 무엇인가?

알바생인 유진이와 사장인 정훈의 갈등은 해결이 요원해 보인다. 그런데 최저임금을 올리든 내리든 어느 쪽을 선택해도 누군가는 불행해진다. 이쯤 되면 드는 생각이 있다. 유진과 정훈 중 한 명을 희생시킬 순 없으며, 우리는 두 사람 모두가 만족하는 해결책을 내놔야 한다.

어떻게 두 사람을 동시에 만족시킬 수 있을까?

최저임금만으로는 답을 구하기 불가능하다. 유진과 정훈의 사례처럼 최저임금의 조정은 필연적으로 누군가에게는 달갑지 않게 다가오니까 말이다. 진정한 답을 찾기 위해선 한국의 경제 구조에 접근해야 한다. 한국의 경제 구조에서 유진과 사장님 사이의 갈등이 촉발됐기 때문이다.

따라서 이번 파트에서는 최저임금 전쟁이 촉발될 수밖에 없었던 그 구조적인 원인을 해결해 보고자 한다. 지금까지 다루었던 두 파트 모두 이 전쟁의 해답을 구축하기 위한 영양분이었다. 답을 찾기 위한 밑 작업은 모두 끝났다.

물론 본 책에서 제시한 해답은 개인적인 통찰과 분석에 기초하여 이루어졌기 때문에 진리나 정답이라고 호언장담할 수는 없다. 그러므로 본 책의 해결책에 대해서는 개인의 시각에 따라 다양한 의견이 존재할 것이지만, 분명히 설득력이 있다고 밝힌다.

[길 잃은 최저임금 전쟁]

정부의 소득 재분배 실행 원칙

어떤 대상을 성립시키는 근원적인 원리 혹은 성질, 이는 본질을 뜻한다.

첫 번째 파트에서부터 최저임금 전쟁의 본질을 정확히 파악하기 위해 정치부터 경제까지 차근차근 짚어 보았다. 최저임금 전쟁은 단순한 개별 요인으로서 발생한 것이 아니라, 경제적 요인과 정치적 요인이 결합되어 복합적으로 발생한 것이기 때문이다. 이로써 우리는 경제를 보아야 정치가 보인다는 것, 정치를 보아야 최저임금이 보인다는 것을 확인했다.

그렇다면 딜레마에 빠진 최저임금 전쟁에 대한 해답을 내리기 위해서는 어떻게 해야 할까?

최저임금을 이해하기 위해 정치를 살펴보았고, 정치를 이해하기 위해 경제를 살펴보았듯이, 경제, 정치, 최저임금제 등 모든 사회적 부산물들이 어떠한 세상의 거대한 원리에 따라서 움직이는지를 파악해야 한다. 본 책에서는 이렇게 세상의 모든 사회적 부산물들이 움직이게 만드는 거대한 규칙을 '세계의 작동 원리'라고 부르겠다.

이 원리를 알게 된다면, 경제, 정치, 최저임금제 등 모든 사회적 부산물들이 움직이는 일정한 규칙을 파악할 수 있을 것이고, 이 규칙은 최저임금 전쟁이 촉발될 수밖에 없었던 한국 경제의 구조적인 원인을 해결하기 위한 초석을 마련할 것이다.

따라서 이번 챕터에서는 본격적으로 최저임금 전쟁에 대한 해답을 내리기 전, 세계의 작동 원리에 따라 사회적 부산물들이 일정하게 작동하는 규칙을 토대로, 정부의 소득 재분배 실행 원칙을 수립해 보겠다. 왜냐하면 바람직한 사회를 구현하기 위해서는 빅사이클 시기별 정부의 개입 수준, 즉 시기별로 정부가 소득 재분배에 관여하는 수준이 적절히 이루어져야 하는데, 최저임금제와 같은 여러 정책도 이러한 정부의 소득 재분배 원칙에 따라 방향성이 잡히기 때문이다.

그럼 시작해 보도록 하겠다.

세계의 빅사이클은 어떻게 작동되는가?

지금부터는 세계의 작동 원리에 대한 내용이 정신없이 쏟아질 것이다. 이번 소주제에서는 레이 달리오(Ray Dalio)가 그의 책 『변화하는 세계 질서』에서 밝힌 주요 내용을 요약해 보면서, 거대한 세상이 어떤 원리에 의해서 작동되는지에 관하여 알아보겠다.

그가 밝힌 세계의 작동 원리를 요약하자면 다음과 같다. **세계는, 더 좁게는 국가는 질서와 무질서 상태를 반복하면서 성장한다. 여기서 무질서 상태는 부와 권력의 주체가 바뀌는 시점을 말하고, 질서 상태는 부와 권력의 주체가 일정 기간 유지되는 시점을 말한다. 그리고 질서와 무질서를 반복하는 국가의 흥망성쇠의 과정에서 '빚'과 '빈부격차'는 상당히 많은 관여를 한다.**

따라서 위 과정을 세분화하면 다음과 같은 단계로 나뉜다.

1) 새로운 내부 질서와 지도자 탄생
2) 자원분배시스템과 정부의 관료제도가 수립되고 치밀해짐
3) 평화와 번영의 시기
4) 과다부채 및 빈부격차 확대
5) 금융 상황의 악화 및 갈등 심화
6) 혁명과 내란 발생

다만 이에 해당하는 모든 단계를 자세히 다루기에는 한계가 있기 때문에 **이 책에서는 국가를 중심으로 빅사이클의 과정을 통합하고 요약해서 설명하고자 한다. '1)'과 '6)'에 해당하는 단계가 '무질서', '2)'와 '3)'에 해당하는 단계가 '초기질서', '4)'와 '5)'에 해당하는 단계가 '후기질서'이다.**

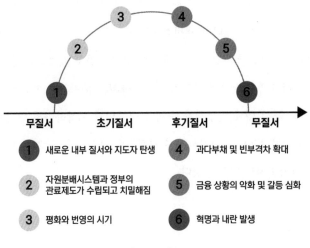

1	새로운 내부 질서와 지도자 탄생	**4**	과다부채 및 빈부격차 확대
2	자원분배시스템과 정부의 관료제도가 수립되고 치밀해짐	**5**	금융 상황의 악화 및 갈등 심화
3	평화와 번영의 시기	**6**	혁명과 내란 발생

[빅사이클]

초기질서부터 살펴보겠다.

초기질서는 무질서의 혼돈에 대한 반응으로 자리매김하게 되었다. 질서가 없으면 질서를 구축하려고 하는 것이 인간의 본능이기 때문이다.

이 시기는 평화롭고 발전의 기운이 넘친다. 더불어 질서가 막 자리매김하였기 때문에 모두가 동등한 선에서 경쟁을 시작할 수 있는 상황이다. 무질서라는 태풍이 크게 한 번 불어온 후, 모든 게 새롭게 시작할 수 있는 토대가 마련되었기 때문이다. 그래서 이 시기에는 사람들 간의 빈부격차가 심하지 않고, 형평성이 존재한다. 사람들 간의 갈등이 적고 정치적인 갈등도 적다. 진보와 보수의 대립이 뚜렷하지 않다. 게다가 재정적으로도 건강하다. 애초에 국가가 탄생한 지 얼마 안 되었는데 크게 빚이 쌓일 시간도 없었으니 말이다.

그러나 후기질서에 가까워질수록 사회의 분위기는 바뀌기 시작한다. 특히 빚과 빈부격차 문제가 대두되기 시작하면서 변곡점을 맞이하게 된다. 초기질서가 후기질서로 가게 되는 단계를 도식표로 요약하자면 다음과 같다.

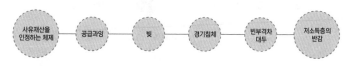

[초기질서가 후기질서로 가는 과정]

해당 과정을 이해하기 위해 [1]단계부터 [5]단계까지 다섯 차례에 걸쳐 단계별로 설명하겠다.

먼저 자본주의와 같이 [1] 사유재산을 인정하는 체제에서 공급과잉 현상이 유발되는 이유부터 살펴보자.

우선 자본주의란, 기본적으로 자본, 즉 생산수단을 이용해서 생산물을 만들어 이윤을 추구하는 경제체제이다. 더 많은 자본(이하 생산수단)이 있을수록 생산수단의 소유자(이하 자본가)는 더 많은 생산물을 소유하여 더 많은 부를 축적한다. 그리고 자본가는 더 많은 생산물을 만들기 위해 축적된 부를 생산수단을 발전시키고 늘리는 데 투자한다. 생산수단에 대한 투자로 증가하게 된 생산물은 경제성장을 의미한다. 이는 인간의 생활 여건이 개선되었다는 것을 뜻한다. 결과적으로 더 많은 생산물을 갖겠다는 인간의 욕심이 눈부신 경제성장과 발전을 이루었다. 이 모든 것들은 인간 본연의 욕구인 욕심과 이기심 덕분이다.

하지만 동시에 문제도 생겼다. 자본주의에서 자본가는 더 많은 부를 위해 계속해서 더 많은 투자를 했고 과잉 투자는 필요 이상의 생산물을 만들어 냈다. 바로 수요를 압도한 공급, 공급과잉 현상이 발생한 것이다. [1] 사유재산을 인정하는 체제에서 공급과잉 현상이 유발되는 이유이다.

공급과잉 현상은 다음과 같은 매우 끔찍한 악순환을 유발한다. 우선 공급이 많아지면 기업은 가격을 낮추며 가격경쟁을 할 수밖에 없다. 사람들이 쓸 수 있는 돈은 똑같기 때문이다. 따라서 가격경쟁에서 도태된 기업들은 구조조정을 당하여 파산하게 되고, 이로 인해 많은 사람들이 실직하게 된다. 이렇게 사람들이 실직하게 됨에 따라서, 사람들은 돈을 벌지 못하니 소비를 줄일 수밖에 없고, 또다시 기업의 남은 재고는 팔리지 않게 되어 공급과잉 현상이 발생한다.

[공급과잉의 악순환]

　기업이 공급과잉 문제를 해결할 방법은 가격을 낮추거나, 새로운 시장을 개척하는 것이다. 대체로 여러 기업들이 가격경쟁을 시작하면 경쟁의 늪에서 빠져나오기 힘들므로, 웬만하면 새로운 시장을 개척하고자 한다. 그러나 시장개척도 궁극적인 해결책이 아니다. 때로는 재앙을 불러오기도 한다.

　실제로 19세기 당시 서양의 열강들은 정부를 설득하여 아시아와 아프리카를 식민지화하고 만다. 군대를 앞세워 무력으로 식민지를 개척하여 원주민들에게 일을 시키고 돈을 주었으며, 본인들의 남은 물건을 팔기 위해서 혼신을 다했다. 이 과정에서 많은 원주민들이 학살당하거나 피해를 입었다. 이로써 공급과잉 문제가 해결되나 싶었으나, 또다시 재발하게 된다. 하지만 더 이상 개척할 수 있는 식민지가 없었기 때문에 서양 열강들은 서로에게 눈을 돌리게 되었고, 이는 약 2,000만 명의 부상자를 낳은 끔찍한 세계 1차 대전으로 이어졌다. 그 이후에도 공급과잉 문제는 지속적으로 반복되고 있고, 이로 인한 사회적 문제도 거듭되고 있다.

이렇게 공급이 수요를 압도하게 되면 엄청난 대재앙이 일어날 수 있기 때문에 사람들은 꾸준히 수요를 늘리기 위해 노력한다. 비유하자면 수도꼭지에서 나오는 물(공급)의 양은 계속 늘어나고 있는데, 이를 받아낼 양동이(수요)가 꽉 차서 새로운 양동이를 찾는 것과 같다. 그리고 앞서 수요를 늘리기 위해서는 새로운 시장을 개척하거나, 상품의 가격을 낮추는 방법이 있다고 하였다.

하지만 만약 이 두 방법이 안 된다면 어떡할까? 물을 받아 낼 양동이가 부족해서 물이 넘쳐나게 되면 큰일이 생길 텐데 말이다.

바로 빚을 만들어 내는 것이다! [2] 공급과잉 현상이 과도한 빚으로 이어지는 이유이다.

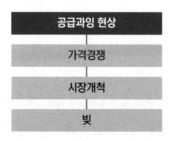

[공급과잉 현상 해결 방법]

빚은 미래에 쓸 돈을 빌려오는 행위이다. 즉, 빚은 미래의 구매력을 현재로 가져와 공급과잉 문제를 해소시키는 것이다.

그렇다면 빚은 수요 부족을 해결하는 영원한 궁극적인 방법이 될 수 있을까? 절대 아니다. 빚은 결국 갚을 것이라는 믿음이 있어야 늘어날 수 있기 때문이다. 예컨대 우리가 친구에게 돈을 빌려주는 이유는 미래에 친구가 돈을 갚을 수 있을 것이라는 믿음 때문이다. 경제가 더 발전해서 사람들이 더 많은 생산물을 구매할 것이라는 믿음이 빚의 근거이다.

하지만 이 믿음은 영원하지 않다. 만약 사람들이 경제가 성장하는 속도보다 빚이 너무 많아졌다는 걸 느끼게 된다면, 내 친구가 빌린 돈보다 경제가 성장하지 않는다면, 이 믿음은 빠르게 붕괴된다. 적어도 친구가 나에게 이자를 주려면 친구의 소득이 이자 비용보다는 많아야 한다. 그런데 친구의 소득이 이자 비용보다 적다면 나에게 이자를 지불하지 못할 것이고, 이는 믿음의 붕괴로 이어져 사회는 혼란에 빠지게 된다. 사회 곳곳에서 빨리 돈을 갚으라는 목소리가 커지게 되는 것이다. 빚으로 쌓아 올렸던 경제가 한순간에 무너지는 순간이다.

경제학자들은 이렇게 빚으로 쌓아 올린 경제성장을 '버블'이라고 한다. 이 버블의 위험 신호는 보통 채무 불이행 현상이 반복되거나 증가할수록, 다시 말해서 이자 비용을 갚지 못하는 사람이 많아질

수록 나타난다. 빚을 갚아야 하는데 경제가 좋지 않으니 다들 빚을 갚지 못하는 현상에 놓이게 된 것이다.

만약 버블이 터지면 어떻게 될까? 심하게 말해서 경제가 박살난다. 자세히 어떻게 경제가 폭락하게 되는지 설명하겠다. 먼저 채무자가 빚을 더 이상 갚지 못하게 되면 돈을 빌려준 주체들, 주로 은행들은 그들의 돈을 빌려준 채무자로부터 자산을 압류한다. 은행도 너무 많은 돈을 빌려주었으므로, 사람들이 은행 또한 돈이 없다는 사실을 알게 되면, 은행에 넣었던 돈을 빼 갈 것이기 때문이다. 이는 자칫 뱅크런(bank run)* 사태로 이어질 수 있다. 이렇게 버블이 터지는 시기가 되면, 대부분의 사람들은 돈을 갚기 위해 자신이 가진 자산을 너도나도 팔기 시작한다. 그리고 이는 자산 가격의 폭락으로 이어진다. 자산의 수요는 줄어드는데 공급은 많아지기 때문이다. 하지만 자산을 아무리 팔아도 폭락한 가격으로는 본인이 빌린 돈을 전부 메울 수 없다. 따라서 채무자, 돈을 빌린 사람들 중 대부분이 파산하게 된다.

이들이 파산하게 되면 기존에 있던 빚은 어떻게 될까? 공중에서 '펑' 하고 사라진다. 채무자들은 빚을 못 갚겠다고 선언하는 대신 신용불량자로 전락하기 때문이다. 돈을 빌린 채무자들이 신용불량자

---

* 은행에 돈을 맡긴 사람들에게 은행이 돈이 없어 돌려주지 못하는 현상, 쉽게 말해 은행 파산 현상이다.

로 전락하면서 더 이상 돈을 빌릴 수 없는 처지가 되는 대신, 돈을 빌려준 채권자들이 돈을 빌린 채무자들의 빚을 탕감해 주거나 없애 주는 것이다.

그러나 앞서 말했듯이 빚이 없어지면 수요도 없어진다. 빚은 더 많은 수요와 구매력을 가져와 공급과잉 문제를 해결했는데, 빚이 없어짐으로 인해 공급과잉 현상이 재발하게 되는 것이다. 따라서 공급과잉 문제가 재발하여 창고에 상품이 쌓이게 되고, 자본가들은 돈을 벌지 못하고 망하게 된다. 이로 인해 대량 실업이 발생하여 사람들은 더욱 소비를 못 하게 되니 이런 상황은 장기적인 악순환을 일으켰다. [3] 빚이 경기침체를 가져오는 이유이다.

이렇게 경기침체가 되었을 때 누구부터 힘들어질까? 경제적으로 어려운 사람들이다. 벼랑 끝에 몰린 저소득층부터 먹고사는 문제가 어려워지는 것이다. 왜냐하면 기본적으로 자본주의 체제에서 자본가들은 생산수단을 확대해 더 많은 생산물을 확보하게 되고, 그에 따라서 시간이 지날수록 자본가와 저소득층 간의 더 빈부격차가 심화되는데, 이때 만약 경기침체 현상이 발생한다면 저소득층은 모아 둔 자본이 없어서 고난을 면하지 못하기 때문이다. 다시 말해 [4] 경기침체는 저소득층의 생계부터 무너뜨리기 때문에 이들을 중심으로 이 시기에는 빈부격차 문제가 대두된다.

그리고 이 빈부격차 문제는 경기침체를 가속화한다. 자본가들의 생산물을 구매해 줄 계층의 구매력, 다시 말해 사회 전반의 수요가 줄어들기 때문이다. 또한 이 세상에는 100년 주기의 장기부채 사이클과 8년 주기의 단기부채 사이클이 존재하는데, 만약 국가의 경기 침체 시기가 100년 주기의 장기부채 사이클과 겹치게 된다면, 저소득층의 생활 여건은 더욱 악화된다. 그에 따라서 종국에는 저소득층 사이에서 이 국가의 질서를 뒤집어엎고자 하는 반감의 기운이 점점 심화된다. 다시 말해, [5] 경기침체와 장기부채 사이클이 겹치게 되면 장기적으로 경제가 악화됨에 따라서 해당 질서에 대한 저소득층의 반감이 심화되는 것이다. 저소득층들은 내 밥그릇도 챙겨 주지 못하는 질서와 체제에 굳이 순응할 필요가 없다고 느끼기 때문이다.

경기침체가 심화되고 빚과 빈부격차 문제가 더욱 악화되는 상황이라면, 그 국가는 '후기질서'에 도달했다고 볼 수 있다.
후기질서는 초기질서의 과부하로 인해 다가왔다. 발전만 너무 강조한 나머지, 빚과 빈부격차 문제를 제대로 신경 쓰지 못했기 때문이다.
이 시기는 '형평성'과 '분배'의 가치가 반영된 질서를 구축하고자 하는 움직임이 나타난다. 형평성으로 다져진 새로운 지반과 체제 아래에서 모두가 동등한 선에서 시작할 수 있는 상황을 꿈꾼다. 특히 기존 질서에서 소외되었던, 부를 축적하지 못했던 저소득층을 중심으로 사회 구성원들은 기존 체제에 반기를 든다. 즉, 무질서를 향한 태동이 잠재되어 있는 시기이다. 그러나 이들의 요구는 기존 체제의 수혜자들과 필연적으로 충돌하게 된다. 기존 체제의 수혜자들은 본인에게 유리하게 짜인 판을 굳이 바꿀 필요가 없기 때문이다. 따라서 **기존 체제의 수혜자들인 자본가, 고소득층, 부자 등과 비수혜자들인 저소득층 간의 갈등이 치솟으며, 이는 극심한 정치적 갈등으로 이어진다. 진보와 보수의 대립이 뚜렷해지고, 사회가 양극단으로 나뉘는 현상이 발생하는 것이다.**

새로운 질서를 향한 열망이 강해짐으로 인해 그 국가의 질서가 하나둘씩 무너지는 속도가 빨라지기 시작한다면, 그 국가는 이제 '무질서'에 도달했다고 볼 수 있다.

무질서 시기는 말 그대로 혼란이다. 질서가 없기 때문이다. 사회 구성원들은 새로운 질서를 만들기 위해 노력하지만, 새로운 질서에 대한 사회 구성원들 간의 의견 차이가 존재하기 때문에 혼란이 발생한다. 이러한 의견 차이는 때때로 인명 피해로 이어질 때도 많다. 역사적으로 내전과 혁명이 반복되었던 이유이다.

다만, 후기질서에서 무질서로 회귀하는 방법에 따라서 상이한 결과가 나타난다. 정확히는 부자와 저소득층 간의 대립이 어떻게 해소되는지에 따라 야기되는 결과가 달라진다. 대표적으로 대립이

해소되는 두 가지 방법이 있다. 하나는 부자를 향한 저소득층의 새로운 지반과 체제에 대한 욕구가 민주적으로 해결되거나, 다른 하나는 무력적으로 해결되는 방법이다.

우선 민주적인 해결 방법은 기존 체계의 절차를 통해 부를 재분배하는 것이다. 예컨대 소득세 등의 세금 인상을 통해 부자와 저소득층 간의 빈부격차를 줄이거나, 저소득층도 부자가 될 수 있는 체제를 구축해 주는 것이다. 하지만 위와 같이 민주적으로 무질서를 향한 저소득층의 욕구가 해소된 적은 역사적으로 드물었다. 대부분은 이러한 저소득층의 요구가 무력적으로 해결되어 왔다. 한 국가 안에서 부의 재분배를 향한 움직임이 무력적으로 일어나면 종종 혁명이나 내전으로 이어졌고, 국가 간에서는 전쟁이 발발하였다.

이렇게 사회가 어떤 질서를 따라갈지에 대한 분쟁이 지속된 뒤, 어느 시점에 특정 질서가 사회 전반의 보편적 질서로 자리매김하게 되면, 그 국가는 다시 초기질서에 도달했다고 볼 수 있다.

앞과 같은 과정으로 세계는 무질서와 질서를 반복하며, 발전과 재분배를 반복하며, 건전한 재정과 불건전한 재정을 반복하며 성장한다. 그리고 이러한 빅사이클은 대략 100년 주기로 반복된다. 여기까지가 레이 달리오가 이야기하는 세상의 작동 원리다. 다음은 앞 내용의 타당성을 입증할 수 있는 레이 달리오의 책 본문에 나와 있는 중국의 내부 질서 사이클 자료이다.

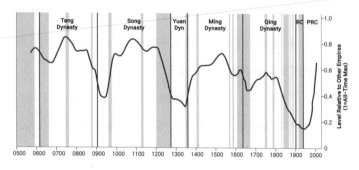

[중국의 내부 질서 사이클]

빅사이클에 따른 정부의 소득 재분배 실행 원칙

따라서 앞의 빅사이클을 고려하였을 때 정부의 소득 재분배 실행
원칙을 크게 두 가지로 수립할 수 있다. '초기질서'에서의 실행 원
칙, '후기질서'에서의 실행 원칙이 있다.

먼저 초기질서 시기에 정부는 소득 재분배에 되도록 관여하지 않
고, 최대한 시장의 자율성을 존중해야 한다. 왜냐하면 이 시기에는
빈부격차와 부채 수준은 문제가 없으므로, 필요 이상으로 정부가
시장에 개입하게 되면, 자율경쟁시장의 원리를 훼손하여 비효율성
이 발생할 수 있기 때문이다.

다만, 정부는 이후에 빈부격차와 부채 문제가 다가오더라도 이
상황에 슬기롭게 대처할 수 있도록 평소에 재정 건전성을 유지해

야 한다. 더불어 지속적으로 자율경쟁이 공평하게 일어날 수 있는 시장 환경과 사회적 체제를 조성하는 데에 집중해야 한다.

왜냐하면 초기질서의 끝이 보임과 동시에 빈부격차와 부채 문제가 대두되기 시작하면 재분배에 대한 비중을 끌어올려야 하는데, 이때 많은 돈이 요구되기 때문이다. 만약 여기서 사회적 체제마저 불공정하게 바뀌었다면, 다시 공정한 체제를 구축해야 하므로, 더 많은 돈이 필요한 최악의 상황이 다가올 것이다.

다음으로 후기질서 시기에 정부는 소득 재분배에 관여해야 한다. 왜냐하면 심해진 빈부격차 문제로 이미 시장은 효율성을 잃었으며, 결국 후기질서에서 발생하는 부작용을 최소화하기 위해서는 부자와 저소득층의 빈부격차를 줄여야 하기 때문이다.

동시에 빚을 줄이는 정책도 실행해야 한다. 하지만 후기질서 단계에서는 경제 규모가 줄어들어 세수가 줄고 기본소득제, 중소기업 지원책 등과 같이 복지 및 재분배에 필요한 자금은 늘어나기 때문에, 빈부격차와 빚 문제를 동시에 해소하기에는 매우 힘들 것이다. 경제 규모가 축소됨에 따라서 세수는 줄어들고 있는데 여기서 세금을 올리고 정부의 지출을 늘린다는 것은 결코 쉬운 일이 아니니 말이다.

이러한 이유로 앞서 후기질서에 다다라서 빚과 빈부격차 문제를 해결하려고 들기 전에, 초기질서 시기에도 감당이 가능한 부채와 빈부격차 수준을 유지해야 한다고 이야기했다. 왜냐하면 이렇게 준비된 상태에서 후기질서를 맞이한다면 튼튼한 경제적 기반으로 재분배 문제를 해결할 것이고, 빚의 규모도 축소될 것이기 때문이다. 더불어 형평성 문제가 심화되지 않을 것이기 때문에 최저임금 전쟁과 같은 사회적 논란도 발생하지 않을 것이다.

빅사이클로 진단한 한국

이번에는 빅사이클상 한국이 어디에 위치하는지 진단해 보겠다. 이를 판단할 수 있어야 최저임금 전쟁에 대한 구체적인 해답을 제시하는 데에 기반을 마련할 수 있기 때문이다.

레이 달리오의 책 『변화하는 세계 질서』에 따르면, **특정 국가의 빅사이클상 위치를 파악하는 세 가지 방법은 다음과 같다.**

1) 경제/금융 분석(부채 수준, 경제성장률)
2) 내부 질서 분석(사회적 갈등 분위기, 빈부격차)
3) 외부 질서 분석

따라서 본 책에서는 1번과 2번 방법으로 빅사이클상 한국의 위치를 파악해 볼 것이다. 다만, 3번 방법은 활용하지 않겠다. 왜냐하면

외부 질서상의 위치를 수치적인 측면에서 객관적으로 판단하기에는 무리가 있으며, 현재 자국 내의 위치를 파악하는 것에 집중해야 하기 때문이다.

경제/금융 분석을 통해 빅사이클상 한국의 위치를 진단해 보겠다.

우선 부채 수준은 당연히 초기질서 시기에 비해 후기질서 시기에 높다. 후기질서 시기에 이르게 되면, 과도하게 발전의 가치를 중시한 나머지 공급과잉 현상이 오게 되고, 국가는 이에 맞춰서 수요를 늘리기 위해 빚을 늘리기 때문이다. 더불어 후기질서 시기는 빈부격차로 인해 중산층과 저소득층의 소비가 줄어들기 때문에 국가는 이를 극복하고자 또 빚을 늘리게 된다.

마지막으로 경제성장률은 초기질서 시기보다 후기질서 시기에 둔화된다. 후기질서 시기에 가까워지면 그에 따라서 과도한 빈부격차와 빚 문제가 발생하므로, 경제는 둔화되기 때문이다.

다음 자료는 한국의 연도별 부채 수준, GDP 성장률 수치를 정리해 놓은 그래프이다. **경제/금융 분석을 통해 빅사이클상 한국의 위치를 진단한 결과, 후기질서 시기에 가까운 특징을 보인다.** 특히 한국은 1997년 외환위기와 2008년 경제위기, 2020~2021년 코로나19를 세 차례 겪으며, 한국은 완전히 초기질서 시기를 벗어나 후기질서 시기에 입성하였다고 판단할 수 있다.

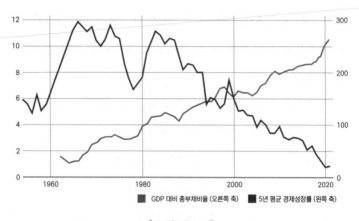

[경제/금융 분석]

이제 내부 질서 분석을 통해 빅사이클상 한국의 위치를 진단해 보겠다.

먼저 최저임금제가 특정 시기에 어느 정도의 사회적 파장을 일으키는지에 따라서 사회적 갈등 분위기를 파악할 수 있다. 다시 말해서, 최저임금제에 대한 사회적 관심도를 통해 해당 시기가 초기질서 시기인지 후기질서 시기인지를 구분할 수 있다. 초기질서 시기에는 최저임금제와 같이 형평성을 제고시키는 재분배 정책들이 그다지 이목을 끌지 않는다. 또한 임금과 소득이 시장경제에 따라서 형성되는 것에 반발이 크게 없다. 해당 질서가 성립되는 과정에서 대부분의 사회 구성원들은 이미 해당 질서가 형평성을 충족했다고 생각하기 때문이다.

그러나 후기질서가 다가올수록 사람들은 소득, 임금에 관해서 예민해진다. 특히 임금과 소득이 시장경제에 따라서 형성되는 것에 반발을 느끼게 된다. 이는 일부 세력이 부와 권력을 독점하는 것처럼 보이기 때문에, 시장경제가 합리성과 형평성을 잃었다고 여겨진다. 실제로 자율경쟁시장이 독점 혹은 과점시장으로 변하게 되면 해당 시장은 '보이지 않는 손'이라는 천군만마의 자동 조정 능력을 이전보다 잃게 된다. 즉, 이 시기에는 시장의 원리에 따라서 임금과 소득이 결정되는 것에 대한 사회적 반발이 거세어지는 것이다. 따라서 최저임금제와 같은 재분배에 대한 정책들도 대중들에게 조명을 받는다.

대한민국의 경우 1986년 12월 31일에 최저임금법을 제정하였고, 1988년 1월 1일부터 최저임금제를 시행하였다. 하지만 경제 대호황이었던 1988년 당시 정부가 정한 최저임금으로 환산한 연봉은 실제 노동자들의 평균 연봉의 약 37% 수준이었다.* 그럼에도 최저임금 논쟁은 지금처럼 뜨겁지 않았다. 심지어 21세기 전에는 최저임금을 연평균 대략 10%가량 올렸는데도 말이다. 반면 현 시점에서 10%를 인상하게 되면 엄청난 논쟁이 펼쳐질 것이다. 실제로 2018년에 16.4% 최저임금을 인상했을 때, 정말 뜨거운 전쟁 같은 논쟁이 펼쳐졌던 적이 있다. 이렇게 사회적으로 소득과 임금 관련

---

* 1998년 평균 연봉은 약 364만 원이었던 반면, 당시 최저시급이었던 462.5원과 연평균 노동 시간 2,910시간을 곱한 최저 연봉은 약 135만 원밖에 되지 않았다.

이슈가 엄청난 관심을 받았다는 건 분명 부의 재분배가 필요하다는 방증이다.

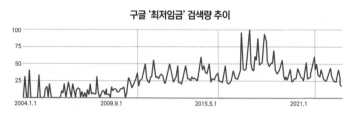

구글 '최저임금' 검색량 추이

[사회적 갈등 분위기 분석]

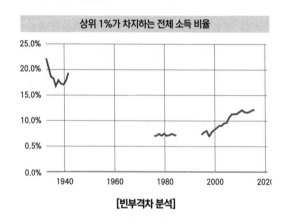

상위 1%가 차지하는 전체 소득 비율

[빈부격차 분석]

다음으로 빈부격차는 초기질서 시기보다 후기질서 시기에 심해진다. 왜냐하면 초기질서 시기에 발전의 가치를 너무 강조한 나머지, 후기질서에 이르게 되면 **빈부격차가 너무 심해지기 때문이다.**

결과적으로 내부 질서 분석에 따르면, 책을 쓴 시점으로 대한민국 사회는 후기질서에 가깝다고 판단할 수 있다.

따라서 지금까지의 판단 기준을 토대로, 빅사이클상의 한국의 움직임을 다음과 같이 나타낼 수 있다.

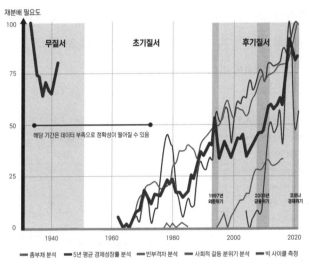

[빅사이클 측정]

경제/금융 분석(부채 수준, 경제성장률), 내부 질서 분석(사회적 갈등 분위기, 빈부격차)을 토대로 빅사이클상 한국의 위치를 진단한 결과, 한국은 '후기질서' 단계에 있다고 진단할 수 있다. 특히

1997년 외환위기, 2008년 경제위기, 2020년 코로나19를 세 차례 겪으며 한국은 초기질서에서 완전히 벗어났다. 개인적으로는 한국의 1930~1940년대가 무질서 단계, 1950년대부터 2000년도 전까지 초기질서, 2010년대 이후부터 후기질서라고 판단한다. 물론 빅사이클상 한국의 현재 위치를 진단한 결과가 분석 기간이나 관점에 따라 달라질 수 있으므로, 하나의 견해로 제시한다.

추가적으로 레이 달리오가 밝힌 한국의 빅사이클 분석표에서도, 대부분의 지표가 빅사이클 궤도에서 하향세를 보이므로, 한국은 '후기질서' 단계에 가까운 모습이다. [*]

KOREA-KEY DRIVERS OF OUR COUNTRY POWER SCORE				
Overall Empire Score (0-1)	Level: 0.31		Rank: 6	╱
The Big Cycles	Level	Z-Score	Rank	Trajectory
Economic/Financial Positiion	Somewhat Favorable	0.1	9	╲
Debut Burden	Low debt	0.5	7	→
Expected Growth	1.9%	0.4	10	╲
Internal Order	-	-	-	-
Wealth/Opportunity/Values Gap	Relatively Large	0.0	12	→
Internal Conflict	-	-	-	-
External Order	At Risk	-	-	-

[레이 달리오가 판단한 빅사이클상 한국의 위치]

---

[*] [레이 달리오가 판단한 빅사이클상 한국의 위치] 자료를 보면, Economic/Financial Position은 경제/금융 분석, Internal Order은 내부 질서 분석을 나타낸다. 그런데 이 두 요인의 Trajectory, 즉 궤적상의 위치 및 방향성은 대체로 하향세를 보이므로, 빅사이클상 대한민국의 위치는 후기질서 시기에 가깝다고 볼 수 있다.

길 잃은 전쟁의 해답은?

이전 챕터에서는 빅사이클에 따른 정부의 소득 재분배 실행 원칙을 수립하였다. 그리고 세계 작동 원리를 토대로 한국의 상황을 분석한 결과, 빅사이클상 한국의 위치는 후기질서에 놓여 있다고 진단하였다. **따라서 한국은 재분배 정책과 빚을 축소하는 정책을 실시해야 한다.**

그러나 앞과 같은 얘기는 사실 터무니없고 진부하다고 느껴질 수 있다. 이러한 방안은 당연히 고위 정재계 인사들을 비롯하여 정책 입안자들도 아는 사실일 것이다. **그래서 이번 챕터에서는 최저임금 전쟁에 대한 해답에 관해서 조금 더 현실적이고 구체적인 논의를 해 볼까 한다. 정말 현재 상황에 도움이 될 만한 이야기들에 대해서 말이다.**

특히 실질적으로 제도권에서 벌어지고 있는 심의 과정과 그것의 적절성, 국내외 통계 자료들에 기반한 최저임금제의 현황 등을 파악하는 것에 중점을 두었다. 그러므로 이전 챕터들에 비해 더 세부적이고 디테일한 부분을 다룰 것이다. 이것은 우리로 하여금 최저임금 전쟁이라는 사안의 본질과 현실을 파악할 수 있는 또 한 번의 계기가 될 것이다.

조금은 낯선 용어와 개념이 나오기 때문에 내용을 이해하는 데 어려움이 있을 수도 있다. 하지만 그렇게 세부적이고 디테일한 부분보다, 여태까지 다루었던 세계의 작동 원리를 토대로 넓은 시각에서 전반적인 흐름을 읽을 수 있는 것이 더 중요하다. 이 사항들을 놓치지 않길 바라며, 본격적으로 이번 챕터를 시작해 보겠다.

오늘날 최저임금제를 진단해 보면

지금부터는 오늘날 최저임금제도가 부딪치고 있는 문제 및 한계에 대해 더 자세히 다루어 보겠다. 특히 오늘날 진행되고 있는 최저임금 산출 방법을 분석하고 평가해 보며, 오늘날 최저임금제가 겪고 있는 문제를 자세히 진단할 것이다. 이러한 진단은 오늘날 최저임금제가 필요한 해결 방법에 대해 답을 제시할 것이다.

우선 최저임금 수준은 각각 9명의 근로자 위원(노동계), 사용자 위원(경영계), 공익위원들의 표결로 결정된다. 그러나 현재 노동계와 경영계가 요구하는 수치의 차이가 너무 심하다 보니, 실질적으로 노동계와 경영계의 제시안이 실제 최종 임금 수준에 반영되지 못하는 실정이다. 그래서 매번 공익 위원들이 제시하는 수치가 최종 임금 수준으로 결정되고 있다. 최저임금 결정 시 '근로자 생계비', '유사 근로자 임금', '노동 생산성', '소득분배율' 등을 고려하도록 되어 있다. 하지만 위의 고려 요소 반영에 대한 의무 규정이나 절차 규정이 없어 단순히 참고자료로 제시되는 수준이다. 공익위원들이 제시하는 수치마저 법에 규정된 지표에 준수되어 어떠한 산식 (formula)*을 통해 결정되기보다는 노사 협상력, 정치적 상황 등 주관적 요인이 더 많은 영향을 미치는 상황이다.[1] 따라서 **현재 객관적으로 어느 정도의 수준이 합리적인 최저임금인지 파악하기 어렵다. 또한 어느 수준의 최저임금이 적절한가에 관한 논의도 경영계와 노동계가 첨예하게 대립하고 있어서 논문에 따라 의견이 다른 상황이다.**

길을 잃은 전쟁처럼 보인다. 최저임금위원회는 적절한 최저임금 수준이 논의되어야 하는 곳이다. 그러나 현재 서로의 권익을 앞다투어 주장하고 있는 장소가 된 것으로 보인다. 이렇게 서로의 목소리만 높이는 싸움이 되면 갈등만 더 깊어지는 것이지, 해당 사안에 관련된 논의를 슬기롭게 해결하기 어려워진다.

그렇다면 최저임금 수준을 결정하는 산식은 어떻게 구성되어 있으며, 산출 방법은 어떠할까?

---

* 최저임금에 고려되는 지표를 반영한 공식의 합산 및 가산을 의미한다.

근로자의 생활안정과 노동력의 질적향상

국민경제의 건전한 발전

임금격차

소득분배 개선

최저 임금제도

최저임금 결정기준

근로자의 생계비 | 유사 근로자의 임금
노동 생산성 | 소득 분배율

\+

시간 일 주 월

최저임금액 결정 단위

1. 최저임금 심의 요청(매년 3월 31일까지)

2. 전원회의 보고·상정

3. 심의자료 등 분석, 의견 청취

1. 심의기초자료 분석
 -임금실태분석
 -생계비 분석
 -최저임금 적용효과 분석
 -외국의 최저임금제도 조사
 -주요 노동 경제 지표 분석

2. 의견청취
 -현장방문 등 실시

4. 전문위원회 논의

1. 임금수준전문위원회
 -임금실태 등 분석결과 심사
 -최저임금 적용효과에 관한 실태조사 심사
 -최저임금안 심사

2. 생계비전문위원회
 -생계비 분석결과 심사
 -노사단체 제출 생계비 심사 등

5. 전원의회 심의·의결

6. 최저임금안 제출

최저임금 심의 요청을 받은 날부터 90일 이내

7. 최저임금안 고시

7-1. 재심의 요청
(최저임금안 접수일로부터 20일 이내)
 -최저임금안에 따라 최저임금을 결정하기가 어려운 경우
 -노·사 이의제기의 이유가 인정되는 경우
 (노·사 단체: 10일 이내 이의제기 가능)

8. 최저임금 결정·고시(8월 5일까지)

[최저임금제도 구조]

실제로 2021, 2022년에 진행되었던 최저임금 산출 방법을 살펴 보면서 최저임금 산출 방법에 대해 더 깊이 살펴보겠다. 다음은 2022년에 공익위원들이 2023년의 최저임금 수준을 결정하고자 제 시하였던 산출 방법이다.

+ 2.7%p(경제성장률 전망치)

+ 4.5%p(소비자물가 상승률 전망치)

— 2.2%p(취업자 증가율 전망치)

= 5%p(최저임금 인상)

공익위원들은 2021년에도 같은 산식을 활용해 5.1%라는 인상률 을 제시했다. 해당 산식에 관한 근거는 다음과 같다. 경제가 성장한 만큼, 또 물가가 오른 만큼, 최저임금 인상분으로 반영하였다. 또 한, 일할 사람이 늘어나면 그만큼 임금이 줄어드는 효과가 나타나 기 때문에, 취업자 증가율만큼 최저임금 인상분에서 차감하였다.[2]

이해를 돕기 위해 취업자 증가율을 산식에 포함한 이유에 대한 설명을 덧붙이겠다. 최저임금을 완전경쟁시장에서 형성되는 임금 보다 더 높게 설정하게 되면 노동공급(일하고 싶어 하는 근로자들) 은 늘어나는 반면, 노동수요(고용을 하고자 하는 기업)는 줄어들기 때문에 고용이 줄어들 수 있다. 다음 그래프를 보겠다.

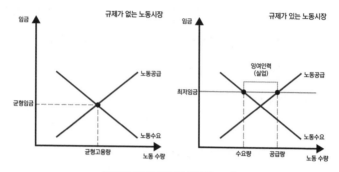

[산식에 취업 증가율을 반영한 이유]

그래프와 같이 최저임금을 시장의 균형 이상으로 인상하게 되면, 잉여 인력, 다시 말해서 실업이 발생한다. 그리고 이 현상은 노동시장에서 법정 최저임금을 못 받는 노동자가 발생하는 문제로 이어진다. 삶에 끝자락에 놓인 실업자들은 최저임금을 못 받더라도 생계를 위해 일을 하고자 하기 때문이다. 최저임금 미만율*이 높아지게 되는 것이다.

OECD에 따르면, 한국의 최저임금 이하를 받는 근로자 비율은 2021년 19.8%로 OECD 25개국 중 2위이다. 이렇듯 최저임금을 높인다고 해서 중소기업이나 자영업자가 이들 근로자에게 줄 돈이 늘어나는 상황이 아니다. 따라서 조금이라도 돈을 벌어야 하는 저

---

* 전체 임금근로자 중 시간당 임금이 최저임금 미만인 임금근로자 수 비율로 위반율을 의미하지 않는다.

소득층이 최저임금보다 돈을 적게 받고도 일하는 현상이 발생한다. 이러한 상황을 고려해 최저임금 인상분에 취업자 증가율을 차감한 것이다.

그러나 '경제성장률 + 소비자물가 상승률 — 취업자 증가율' 산식이 적절한지에 관한 의견 차이가 다분하다.

이 산식이 적절한지에 관한 이야기를 해 보겠다. 먼저 최저임금위원회가 2023년 4월 26일 더불어민주당 우원식 의원에게 제출한 자료에 따르면, 해당 산식에 대한 최저임금위원회의 입장은 다음과 같았다.[3]

> "생계비, 유사 노동자의 임금, 노동생산성 등을 고려하여 국민경제생산성 상승률 전망치를 활용했다. 이론적으로 국민경제생산성 상승률에 준해 임금 인상이 될 경우, 임금 인상에 의한 비용 인상 인플레이션이 발생하지 않을 뿐만 아니라, 노동자의 기여분만큼 임금 상승이 이뤄지기 때문에 소득분배도 현재 수준을 유지할 수 있다. 또한, 소득분배율이 고려되지 않았다는 지적에는 최저임금이 중위임금의 60%를 넘는다는 점을 감안했다."

문장이 어려워서 내용이 잘 와닿지 않는다. 그러나 **해당 산식은**

'소득 재분배 기능을 빠뜨렸다는 점'에서 한계점을 가진다. 특히 "이론적으로 국민경제생산성 상승률에 준해 임금 인상이 될 경우, 임금 인상에 의한 비용 인상 인플레이션이 발생하지 않을 뿐만 아니라, 노동자의 기여분만큼 임금 상승이 이뤄지기 때문에 소득분배도 현재 수준을 유지할 수 있다."는 이야기는 논리적 오류에 빠지며, "소득분배율이 고려되지 않았다는 지적에는 최저임금이 중위임금의 60%를 넘는다는 점을 감안했다."는 이야기의 이면에는 중요한 진실이 가려져 있다.

차근차근 앞의 두 문장을 짚어 보며 이해를 돕겠다.

우선 "이론적으로 국민경제생산성 상승률에 준해 임금 인상이 될 경우, 임금 인상에 의한 비용 인상 인플레이션이 발생하지 않을 뿐만 아니라, 노동자의 기여분만큼 임금 상승이 이뤄지기 때문에 소득분배도 현재 수준을 유지할 수 있다."는 문구부터 보겠다. 이 문구는 경제성장률만큼 근로자들의 임금도 상승한다면, 빈부격차가 생기지 않을 것이라는 말이다. 즉, 경제성장률만큼 최저임금을 올려도 빈부격차를 악화시키지 않을 수 있다는 이야기이다. 그런데 이것은 과연 사리에 맞는 논리일까?

아니다. 논리적으로 맞지 않는 문구이다. OECD가 2020년 8월에 발간한 「한국경제보고서」에 따르면, "그간 한국이 달성한 경제성장의 과실은 균등하게 배분되지 않았다."고 밝혔다. 즉, 경제성장률만큼 최저임금을 인상하더라도 노동자의 기여분이 고스란히 전달될 것이라는 이야기는 천국에서나 적용될 논리이다.

또한 두 번째 파트에서 살펴보았듯이 최저임금 전쟁은 저소득층 간의 제로섬(zero-sum) 싸움이다. 설령 최저임금 인상으로 자영업과 중소기업에 근무하는 근로자들이 그 기여분만큼 혜택을 봤더라도, 근로자들을 고용하는 고용주들은 그 손실을 보았다. 다시 말해 경제성장률만큼 최저임금을 올려서 일부 근로자들이 수혜를 얻더라도, 중소기업과 자영업자는 손실을 얻어서 소득이 악화될 수밖에 없다. 이는 소득의 분배가 제대로 이루어지지 않았다는 뜻이다. 다시 말해서 경제성장률만큼 최저임금을 올려도 빈부격차는 발생한다.

물론 거시경제학 원론에 따르면, 대부분의 국가에서 국민소득(=GDP) 중 노동소득분배율과 자본소득분배율은 일정하게 유지된다.* 다시 말해서 대부분의 국가가 한 해에 벌어들이는 전체 소득 중, 자본으로 인한 소득과 노동(≒임금)으로 인한 소득의 분배는 일정하다.

그러나 **자본소득분배율과 노동소득분배율이 동일하게 유지되더라도, 소득 계층 간의 자본축적량은 벌어질 수 있다.** 왜냐하면 시간

---

* 노동소득 및 자본소득분배율이란, 국민소득(=GDP) 중 각각 노동과 자본소득이 차지하는 비중을 나타내며, 둘의 합은 일반적으로 1이다.

이 흐를수록 대부분의 국가 경제에서는 자본축적량이 늘어나게 되는데, 이때 늘어난 자본량 중 대부분은 저소득층보다 자본가에게 귀속되고, 이에 따라서 자본가와 저소득층의 자산과 부는 자연스럽게 벌어지기 때문이다. 자본가와 저소득층의 임금 소득 상승률이 동일하더라도 말이다.

예컨대 어느 대기업 CEO의 연봉이 100억인 반면, 어느 직장인의 연봉은 1억이라고 하자. 그리고 10년이 지나서 이 둘의 연봉이 각각 200억, 2억으로 늘어났다고 하자. 비록 이렇게 10년 사이에 이 둘의 연봉이 같은 비율로 2배 늘어났더라도, 분명 이 둘이 축적한 자본량의 차이는 2배 이상 날 것이다.

따라서 국가 전체의 자본축적량 수준을 나타내는 자본/소득* 비율이 높아진다면, 해당 사회는 후기질서 단계의 막바지에 도달했다고 해석할 수 있다. 자본과 생산수단을 갖지 못한 사람들은 아무리 열심히 노력해도 부의 격차를 따라잡지 못하는 상태로 볼 수 있기 때문이다. 동시에 자본가들은 별다른 노동을 하지 않고도 사회의 부를 차지하는 것이 가능한 상태이기 때문이다.

---

* 자본/국민소득. 자본/소득 비율은 전체 국민소득 대비 자본총량의 비율이 어떻게 되는지를 나타낸다.

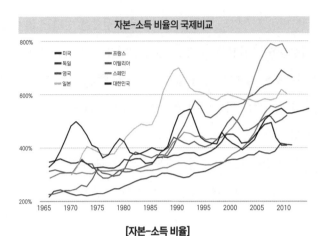

[자본-소득 비율]

추가적으로 더 많은 지표들이 해당 문구의 논리가 어불성설임을 증명한다.

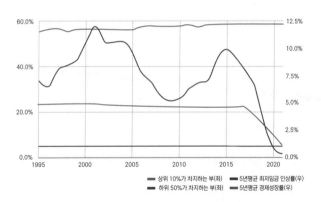

[최저임금 상승률, 경제성장률, 소득분배율 추이]

대한민국은 1995년 이후로 최저임금 인상률은 연평균 10%였고, 경제성장률은 연평균 5% 정도였다. 그러나 21세기 들어서 최저임금 인상률은 경제성장률을 압도적으로 상회하였는데도 불구하고, 상위 10%가 가져가는 부와 하위 50%가 가져가는 부의 몫은 계속 벌어졌다.

만약 "이론적으로 국민경제생산성 상승률에 준해 임금 인상이 될 경우, 임금 인상에 의한 비용 인상 인플레이션이 발생하지 않을 뿐만 아니라, 노동자의 기여분만큼 임금 상승이 이뤄지기 때문에 소득분배도 현재 수준을 유지할 수 있다."는 문구가 사실이라면, 여태까지 대한민국은 최저임금을 경제성장률보다 올렸기 때문에 소득분배가 개선되어야 했다. 그러나 소득분배가 개선되었다면 지금과 같은 최저임금 전쟁도 일어나지 않았을 것이며, 빈부격차 문제도 개선되었을 것이다. 하지만 우리가 맞이하고 있는 현실은 그 반대에 가깝다.

물론 그렇다고 국민경제생산성 상승률 이상으로 최저임금을 인상시켜야 소득분배가 개선된다는 뜻은 아니다. 두 번째 챕터에서 알아보았듯, 최저임금을 과도하게 상승시키게 되면 오히려 저소득층의 소득분배를 악화시키기 때문이다. 최저임금은 임금 근로자 간의 임금 소득 격차를 해소시키는 것이지, 저소득층과 고소득층 간의 소득 격차를 해결하는 것은 별개의 문제일 수 있다.

다만 이와 같은 논리 회로에 따라서 최저임금 수준을 산출하는 과정이 다소 논리적으로 미흡하다는 것이다. 노동계와 경영계가 대립하는 것은 좋지만, 최저임금위원회는 논리적으로 적절한 최저임금 수준이 도출될 수 있도록 논의되어야 하는 곳이다. 앞으로는 더 논리적으로 결함이 없는 최저임금 수준의 도출 방법이 나올 것이라 믿는다.

이제 "소득분배율이 고려되지 않았다는 지적에는 최저임금이 중위임금의 60%를 넘는다는 점을 감안했다."는 이야기를 짚어 보겠다.

OECD에 따르면 2020년 기준 한국의 평균임금 대비 최저임금 비율은 49.6%로 OECD 조사 대상 30개국 중 세 번째로 높고, 중위임금 대비 최저임금 비율은 62.5%로 7위였다. 사실 이 수치만 보면, 최저임금 수준이 다른 국가들에 비해 높은 것은 사실이다.

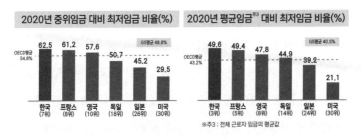

[최저임금 수준 국제비교]

그러나 최저임금제와 동시에 우리나라의 전반적인 재분배 정책을 살펴봐야 한다. 2022년 기준 OECD에 따르면, GDP 대비 총세입의 비율을 나타내는 국민부담률은 프랑스 45.2%, 영국 35.3%, 독일 39.3%, 일본 34.1%(2021년 기준), 미국 27.7%이다. 반면 한국의 국민부담률은 32%로 자본주의 색채가 매우 강한 미국을 제외하고는 가장 낮다.[4] 어느 정도는 세금을 걷어야 공공복지사업을 통해 부의 양극화를 줄일 수 있을 텐데, 아직 한국은 재분배 정책의 측면에서 부족하다. 최저임금제가 필요 이상으로 재분배의 역할에 가담하고 있다.

따라서 지금까지의 내용을 종합해 보면, 우리는 오늘날의 최저임금제도에 대해 다음과 같은 진단을 내릴 수 있다.

2021, 2022년에 진행되었던 최저임금위원회의 익년도 최저임금 산출 방식은 재분배 측면이 결여되어 있고, 산출 방식에도 부분적으로 논리적인 결함이 있다.

그러나 이 시점에서 최저임금을 인상시킨다고 하여서 저소득층의 소득이 향상될 수 있는 것은 아니다. 현재 최저임금제도가 재분배 정책 중 큰 비중을 차지하고 있지만, 사실 한국의 자영업과 중소기업들은 높은 최저임금을 근로자들에게 줄 수 있을 만큼 경쟁력이 부족한 상태이기 때문이다. 특히 한국의 최저임금은 주요 선진국들에 비해 높은 수준이나, 한국의 낮은 세율로 빈부격차를 해소할 재분배 정책이 잘 진행되지 않고 있다. 최저임금이 태생적인 한

계 이상의 재분배 역할을 수행하려고 하다 보니 제로섬(zero-sum) 게임이 발생하게 된 것이기도 한다.

이러한 구조적인 문제에서 벗어나기 위해서는 하루빨리 더 나은 최저임금 산출 방식을 구성해야 하는 것은 물론이고, 동시에 최저임금제 외에 다른 재분배 정책을 모색하는 것이 현명해 보인다.

최저임금 전쟁에 대한 해답

지금까지의 내용을 종합해 보면, 우리 모두가 이 최저임금 전쟁에서 승리할 수 있는 구체적인 해답을 다음과 같이 내릴 수 있다.

첫째, 빅사이클에 따른 정부의 소득 재분배 실행 원칙을 토대로 여러 정책의 움직임을 통일시켜야 한다.

지금 한국의 상황과 같이 사회가 후기질서 시기에서 무질서 시기로 넘어갈 때, 민주적인 방법으로 해결되기 위해서는 부자, 자본가, 고소득층의 협조가 필요하다. 필연적으로 경제는 너무 많은 빚으로 인해 경기침체를 겪을 수밖에 없다. 그리고 이 과정에서 저소득층은 자본가, 부자, 고소득층에게 부와 권력을 할당해 달라고 요구할 것이고, 이들의 요구를 들어주지 않는다면 사회는 초월적인 혼란을 맞이할 것이다. 즉, 빅사이클에 따른 정부의 소득 재분배 실행 원칙을 토대로 정책을 실행해야 한다.

다만 관건은 사회의 여러 정책의 움직임을 하나로 관철시켜야 하는 것이다. 이를테면 후기질서 시기에는 소득 재분배가 이루어질 수 있도록 각각의 여러 정책이 따로 놀지 않게 하나의 움직임을 보여야 한다. 만약 부의 재분배를 위해 자본으로부터 벌어들이는 수익에 대한 소득세를 높였는데, 기업 활동에 부과되는 법인세나 근로 활동에 부과되는 근로소득세를 대폭 낮춘다면 각각 정책의 움직임이 통일되지 않으므로, 본래의 목적을 달성할 수 없다.

둘째, 최저임금제는 소극적 소득 재분배를 목표해야 한다.

개인적으로 최저임금제는 소극적 소득 재분배를 목표해야 한다고 판단한다. 여기서 정의하는 소극적 소득 재분배란, 저임금 노동자에게 '사회적으로 최소한의 생계 여건'을 보장하는 것을 최저임금제의 우선 과제로 두어야 한다는 이야기이다. 한편 본 책에서 정의하는 적극적 소득 재분배란, 고소득층에서 저소득층으로 부의 이전이 이루어지도록 하는 것을 이야기하며, 이것을 최저임금제의 우선 과제로 두면 안 된다.

그 이유는 최저임금제만으로 적극적인 소득 재분배를 이루는 것은 불가능에 가깝기 때문이다. 앞서 현재 한국의 상황을 진단해 보았을 때, 결과적으로 고소득층에서 저소득층으로 부가 이동해야 한다고 했다. 그런데 요 근래 최저임금이 도출되었던 과정을 살펴보면, 많은 이들이 최저임금 도출 과정에서 소득 재분배의 기능을 담으려고 목표했음에도 불구하고 결과까지 이어지지 못했다. 이는 어쩌면 최저임금제만으로 소득 재분배를 개선하는 것에는 한계가 있다는 것을 뜻한다.

또한 현재 최저임금을 인상, 혹은 인하해 보았자 저소득층 사이에서만 부의 이동이 발생할 뿐더러, 실제로 경제학계에서는 최저임금제가 빈곤퇴치 정책으로 쓰이기는 무리가 있다고 밝힌다. 여태까지 소득 재분배를 실현하는 여러 정책 중에서 최저임금제가 태생적인 한계 이상으로 역할을 수행하고자 하였기에 과부하가 온 것이다. 더군다나 다른 정책들의 도움 없이 필요 이상으로 최저임금제가 재분배의 역할을 수행하다 보니 논리적인 결함이 생기고, 그에 따라서 필요 이상의 관심을 불러와 중소기업과 자영업자, 그리고 여기에 근무하는 근로자들, 그리고 여기에 엮인 그 모든 이해 관계자를 집중하게 만들었다. 그 결과 '최저임금 전쟁'이 발생한 것이다.

셋째, 최저임금 수준을 중위임금·평균임금과 같은 특정 지표와 함께 장기적으로 연동하고 고려해서 결정해야 한다.

최저임금제가 소극적 소득 재분배의 목적을 달성하기 위해서는, 즉 저임금 노동자에게 '사회적으로 최소한의 생계 여건'을 보장하기 위해서는 최저임금 수준을 특정 지표와 함께 장기적으로 연동하고 고려해서 결정해야 한다고 생각한다. 물론 '사회적으로 최소한의 생계 여건'에 대한 사람들의 가치관이 다르기 때문에, 세부적인 수치를 설정하기 위해서는 충분한 사회적 합의가 이루어져야 하겠지만, 이를테면 장기적으로 최저임금 수준을 중위임금 대비 50%, 평균임금 대비 40% 등과 같이 연동해서 결정하는 것도 방법이 될 수 있다.

이렇게 최저임금 수준을 중위임금·평균임금과 같은 특정 지표와 함께 장기적으로 연동하고 고려해서 결정하게 된다면 크게 두 가지 효과가 있다.

하나, 평균임금과 중위임금은 경제성장률, 물가 상승률, 노동소득분배율 등 거시 경제지표가 종합적으로 반영되어 나타나는 결과이므로 거시경제의 흐름이 반영된 최저임금 수준을 책정할 수 있다. 즉, 장기적이고 일관적인 기준으로 최저임금 수준을 설정할 수 있다. 물론 대외 경기 상황, 소비자물가 상승률, 시장의 자율성 훼손 정도, 소득 계층별 자본축적량 등을 고려하여, 특정 연도의 최저임금 수준을 조정할 수 있도록 여지를 남겨 두어야 한다. 특히 이 중 소득 계층별 자본축적량의 격차를 잘 고려해야 한다고 생각한다. 만약 각 소득 계층 간의 자산격차가 너무 크다면, 그리고 이때 최저임금 인상으로 각 소득 계층의 자산격차를 완화할 수 있음과 동시에, 시장 및 물가에 부정적인 영향을 주지 않는다면, 최저임금 인상을 고려할 필요가 있다. 물론 어디까지나 최저임금제가 소극적 소득 재분배를 목표해야 한다는 전제하에서다.

둘, 특정 정당이 집권함에 따라, 최저임금 수준이 오르락내리락하는 일도 없어질 것이며, 그에 따라 최저임금 수준의 결정 과정에 대한 사회적 인식도 긍정적으로 형성될 것이다.

넷째, 최저임금제만으로 이 딜레마 같은 전쟁을 해결할 수 없으므로 다각도에서 재분배 정책을 실행해야 한다.

사실 최저임금 수준을 중위임금 대비 50%, 평균임금 대비 40% 등의 수준으로 장기적으로 연동하고 고려해서 결정하더라도, 충분히 부의 재분배가 이루어지지 않을 수 있다. 다만 앞서 살펴본 첫 번째 해답과 같이, 최저임금제 또한 정부의 소득 재분배 실행 원칙에 대한 여러 정책이 통일되어야 하는데, 여기서 최저임금제는 태생적으로 적극적인 소득 재분배 역할을 맡는 것은 불가능하므로, 최저임금제가 해결하지 못하는 부분에 대해서는 정부가 다른 정책들을 통해 소득 재분배를 실현시켜야 한다. **즉, 최저임금제는 소극적 소득 재분배를 목표로 삼는 것이, 최저임금제보다 다른 효과적인 정책은 적극적인 소득 재분배를 목표로 삼는 것이 바람직해 보인다.**

대표적으로는 대기업과 자본가, 부자, 고소득층의 증세가 있다.

설령 중소기업 및 저소득층을 위한 재분배 정책으로, 대기업에 대한 지원이 부족해져서 당장 대기업이 휘청거리더라도 너무 큰 걱정거리는 아닐 것으로 보인다. 이는 한국의 인적자원이 다른 나라에 비해서 매우 뛰어난 수준이기 때문이다. 오히려 대기업이 휘청거리는 빈틈을 통해 다양한 인재들이 더 많은 잠재력을 표출할 수 있는 기회가 될 수 있을 것이라 생각한다.

그리고 아마 이 과정에서 빚으로 일구어 낸 버블 경제가 축소 국면을 맞이할 터라 사회적 혼란이 발생할 수 있다. 그러므로 정부는 이 혼란을 최소화시키기 위해서 해당 상황을 국민들에게 잘 인지시키며 민주적인 방법을 통해 슬기롭게 해결해야 한다.

다섯째, 재분배 정책의 핵심은 사회 이동*을 향상시켜 더 나은 경쟁 환경을 조성하는 것이다.

결국 현재 시점에서 재분배 정책을 실행하는 이유는 근본적으로 더 많은 사람에게 기회를 제공함으로써 분배와 공정성의 목소리에 대한 사회 요구를 수용하고, 나아가 더 많은 사람들이 경제에 이바지할 수 있는 환경을 조성하는 것이다. 중소기업, 자영업자, 그리고 저소득층에게 원활히 재분배를 실시해야 하는 이유도 마찬가지이

---

* 사회 이동이란 집단 또는 개인의 지위의 변화를 말한다. 특히 직업, 소득과 부 등으로 구분되는 사회적 계층 내에서의 지위 변화를 이야기한다.

다. 중소기업 지원 정책 등을 통해 사회 내 양질의 일자리를 제공함으로써, 더 많은 인재들이 경제에 이바지할 수 있는 환경을 마련하기 위함이다.

쉽게 이야기하자면, 재분배 정책의 핵심은 사회 경제적으로 취약한 사람들에게도 공정한 경쟁의 기회를 제공함에 따라, 더 나은 경쟁을 장려하는 것이다. 재분배와 경쟁의 가치가 다소 모순 관계에 놓이기는 하지만, 더 많은 사람들이 꿈을 꾸고, 더 많은 사람들이 경쟁하며 발전하는 것이 핵심인 것이다. 이 핵심을 알고 정책을 구성해야 우리 사회가 복지함정(Welfare Trap)에 빠지지 않을 수 있다. **지금 필요한 재분배의 움직임은 장래에 더 나은 경쟁 환경을 조성하기 위한 것이지, 복지 수혜자의 자립을 돕지 못하고 오히려 복지 수혜자로 머물게 하기 위한 것이 목적이 아니다.**

마찬가지로 중소기업에 대한 지원도 더 나은 경쟁 환경을 조성하는 방향으로 흘러가야 한다. 사실 정부의 중소기업 지원은 중소기업의 성장에 기여하지만, 동시에 부실기업의 퇴출을 지연시키는 양날의 검이 될 수 있다. 따라서 부실기업이 아닌, 성장 잠재력이 높은 중소기업들이 지원을 받을 수 있는 중소기업 지원 체계를 수립해야 한다.[5]

여기까지가 오늘날 최저임금 전쟁을 극복하기 위한 현실적인 해답이다.

물가 오르니까
최저임금 올리면 안 된다고?

 간단한 밥 한 끼를 사 먹는 데 만 원이 넘어갈 때, 슈퍼마켓에서 식료품을 구매할 때, 주유소에서 연료를 주유할 때, 월세를 낼 때, 전기세와 가스 요금을 낼 때, 우리는 일상생활에서 물가 상승 현상을 직접 체감하고 있다. 이로 인해 지갑에서 돈이 빠져나가고, 생활비 부담이 커지는 것은 당연하다.

 그때 정부에서는 가파르게 최저임금을 올리겠다고 한다.

 최저임금이 인상되면 노동자들은 더 많은 돈을 벌게 될 수도 있다. 그러나 기업들은 어떻게 대응할까? 이 비용을 감당하기 위해 제품 가격을 올릴 것인가? 그리고 제품 가격의 상승은 물가 상승으로 이어질까? 그래서 결국엔 물가 상승 압박으로 우리 모두의 살림살이는 나빠질 것인가?

 앞서, 최저임금 전쟁의 해답으로 빅사이클에 따라서 최저임금 외에도 다양한 재분배 정책을 시행하는 것, 최저임금제는 소극적 소득 재분배를 목표로 해야 하며 중위임금·평균임금과 같은 특정 지표와 함께 장기적으로 연동하고 고려해서 결정해야 하는 것, 재분배 정책의 핵심은 더 나은 경쟁 환경을 조성하는 것을 이야기했다. 그리고 이 방법을 통해 우리 모두가 이 전쟁에서 승리할 가능성을 이야기하였다.

하지만, 국가와 국민경제의 핵심인 물가라는 요소와 최저임금 간의 관계를 고려하지 않고, 앞의 해결책을 그대로 실행한다면, 결과는 그다지 좋지 않을 수 있다. 당장 물가 상승률이 50%가 넘어가는데, 최저임금을 두 배로 올려 버리면, 이에 따라서 물가가 어떻게 변동될지 모른다. 또한 우리의 살림살이도 어떻게 변동될지 모른다. 물가 안정을 위해 한국은행이 존재하는 이유이자, 현명하게 최저임금제를 실행할 수 있도록 물가와의 관계를 잘 짚어 봐야 하는 이유이다.

따라서 이번 챕터에서는 정말 최저임금을 상승시키면 물가가 오르는지를 검증해 보며, 이를 비롯한 여러 경제적 요인들의 사실관계는 어떻게 되는지 밝혀 보도록 하겠다.

임금과 물가의 관계

최저임금과 물가의 관계를 살펴보기에 앞서, 임금과 물가의 관계를 먼저 확인하는 것이 순서이다.

한국은행에서 발표한 「우리나라 물가-임금 관계 점검」 보고서에

따르면, 물가가 임금에 미치는 영향과 임금이 물가에 미치는 영향
은 각각 다음과 같다.

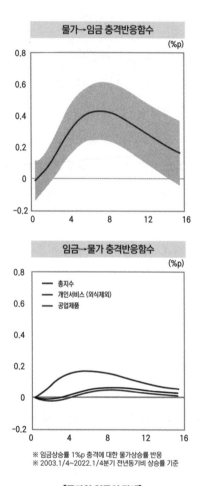

[물가와 임금의 관계]

우선 물가가 임금에 미치는 영향은 다음과 같다. **최근 연도의 물가 상승률은 이듬해 임금 상승률과 높은 상관관계를 나타내고 있다.** 특히, 임금 상승은 인건비 비중이 높은 개인 서비스 부문을 중심으로 소비자물가에 1년 정도의 시차를 두고 반영되는 것으로 분석되었다. 소비자물가 상승률을 1% 높이는 충격에 대한 임금 상승률이 4분기 이후부터 0.3~0.4% 정도의 상승률을 보였다.

반대로 임금 상승은 물가 상승에 제한적인 영향을 미쳤다. 즉, 임금 상승률 충격에 대한 소비자의 물가 상승률의 반응은 별 의미를 두지 않아도 될 정도였다. 다만, 임금 상승률 1%에 대한 개인 서비스(미용비, 숙박비, 세탁비 등)의 물가 상승률은 4~6분기 이후 0.2% 정도 상승하는 것으로 나타났다.

따라서 물가 안정이 이루어진 저인플레이션 국면에서는 임금과 물가 상승에 대해 크게 걱정할 필요는 없다. 다만, 고인플레이션 국면에는 임금이 물가를 상승시키고, 상승된 물가가 임금을 다시 상승시키는 것을 반복하는 연쇄 작용이 발생할 확률이 존재한다. 물가와 임금의 관계가 저인플레이션* 국면보다는 고인플레이션** 국면에서 더 뚜렷한 것으로 드러났기 때문이다. 다시 말해서 고인플레이션 국면에서는 물가가 임금을 상승시키고, 상승한 임금이 또다시

---

* 물가 상승 현상이 둔한 상황.
** 물가 상승 현상이 뚜렷한 상황.

물가를 상승시키는 상호작용 현상이 뚜렷해질 수 있다는 것이다. 다음은 임금의 1% 상승률이 물가 상승률에 얼마나 영향을 미치는지, 그 반응 정도를 나타낸 그래프이다.

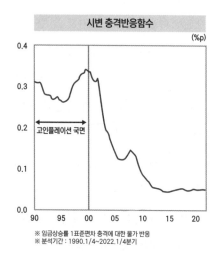

[임금 상승률에 따른 물가 반응]

최저임금은 물가 상승에 얼마나 기여하는가?

그렇다면 물가가 오르니까 최저임금을 올리면 안 되는 걸까?

최저임금 인상에 반대하는 사람들 중 상당수가 최저임금이 물가 상승에 지대한 영향을 미치기 때문에 과격한 최저임금 인상을 자제하는 것이 합리적이라고 생각한다. 아무래도 최저임금 인상과 고물가 현상은 가계의 경제와 밀접한 관련이 있으므로, 이와 같은 말들이 자주 오가고 있는 것 같다. 그렇다면 실제로 최저임금 인상이 얼마만큼 물가 상승에 기여하길래, 반대자들이 앞과 같은 목소리를 내는 것인지에 대해 알아보겠다.

아래는 최저임금, 임금과 물가의 관계를 밝힌 주요 보고서와 더불어, 근래의 최저임금, 임금, 물가 추이를 요약한 내용이다.[6]

1) 최저임금 1% 인상 시, 전체 임금 0.1% 상승, 물가는 0.02~0.07% 상승하는 상관관계를 보임
2) 2006년부터 2022년까지, 전체 임금은 연평균 약 3.5% 상승
3) 동일 기간, 최저임금은 연평균 약 7% 상승
4) 동일 기간, 물가는 연평균 약 2.3% 상승

상관관계와 인과관계는 엄연히 다르지만, 상관관계를 인과관계로 해석함으로써, 최저임금 인상이 물가에 미치는 영향력의 최대치를 계산하면 다음과 같다. 2006년부터 2022년까지, 물가 상승분 중 최저임금 인상으로 인한 상승분은 최대 6~22% 내외이다.[7]

그러나 한국은행이 밝힌 임금과 물가의 인과관계에 따르면, 임금이 1% 상승해도 전체 물가는 0.1%도 상승하지 않는다고 하였다.

임금 인상으로 인한 물가 상승이 아무리 크다고 계산하더라도 대략 15% 내외인 것이다.

즉, 아무리 임금 인상이 물가 상승에 영향을 많이 주고, 최저임금 인상이 전체 임금 상승분의 절반 가까이 영향을 준다고 가정하더라도, 현실적으로 최저임금 인상은 전체 물가 상승에 유의미한 영향을 미치지 못한다. 가령 최저임금을 1% 올렸다고 하더라도 이로 인한 물가 상승은 0.02% 내외일 것이다. 최저임금이 물가에 미치는 영향력을 최대로 해석해 봤자, 전체 물가 상승 지분 중 최저임금의 지분은 연평균 6% 내외였을 것이라는 뜻이다.

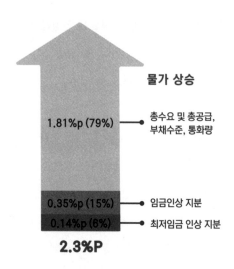

물가 상승

1.81%p (79%) —● 총수요 및 총공급, 부채수준, 통화량

0.35%p (15%) —● 임금인상 지분
0.14%p (6%) —● 최저임금 인상 지분

2.3%P

[물가 상승에 대한 경제 요인별 인상 지분]

결론적으로 최저임금 인상은 물가 상승을 야기하는 주요 요인이 아니라, 여러 가지 영향 요인 중 하나이다. 왜냐하면 근본적으로 물가 수준은 금리와 통화량, 총수요와 총공급, 그리고 부채 사이클에 따른 경기 상황 등 거시경제 변수들이 복합적으로 작용하여 결정되기 때문이다.

따라서 적극적인 최저임금 인상만이 물가 상승과 같은 고인플레이션 현상을 야기한 주요 원인으로 보기에는 무리가 있다. 또한 한국의 역사를 보았을 때에도, 가파르게 최저임금을 인상했다고 고인플레이션 국면으로 전환된 적은 없었다.

2018년에 최저임금이 16.4% 인상되었음에도 불구하고, 물가 상승률은 1.5%에 그친 이유이다. 반면 2022년에는 최저임금이 5%밖에 인상되지 않았음에도 불구하고, 거시경제적인 상황으로 물가 상승률이 5.1%씩이나 상승한 이유이다. 그런데 이들의 논리에 따르면, 2018년보다 2022년의 물가가 더 상승했어야 한다. 결과는 정반대였지만 말이다.

다만, 여러 거시경제 변수들로 인해 물가가 가파르게 상승하는 고인플레이션 국면이 다가온다면, 최저임금 인상과 더불어 전반적인 임금 인상을 자제할 필요는 있다.

왜냐하면 물가 상승은 임금 상승에 유의미한 영향을 미치고, 고인플레이션 국면에서는 이러한 임금 상승이 다시 물가 상승으로 이어지는 연쇄 효과가 전보다 뚜렷해질 수 있기 때문이다. 설령 물가가 임금에 미치는 효과보다는 확연히 적을지라도, 고인플레이션 국면에서는 임금이 물가에 미치는 효과를 조심할 필요성은 있다는 뜻이다.

물가를 상승시키는 주요 요인

그렇다면 물가 상승을 유발하는 주요 요인은 무엇일까?

물가는 금리와 통화량, 총수요와 총공급, 경제 규모 수준, 그리고 부채 사이클에 따른 경기 상황 등 거시경제 변수들이 복합적으로 작용하여 결정된다. 그리고 이 변수들 중 총수요와 총공급에 따른 두 가지의 형태의 인플레이션이 존재한다.

우선 인플레이션이란 일정 기간 물가가 지속적이고 비례적으로 오르는 현상, 혹은 화폐 가치가 지속적이고 비례적으로 떨어지는 현상을 말한다. 그리고 인플레이션의 원인은 크게 두 가지로 나뉘는데, 수요가 증대되면서 발생하는 인플레이션인 수요견인인플레이션, 원자재 등의 비용 상승이 총공급을 감소시키면서 발생하는 인플레이션인 비용인상인플레이션이 있다.

수요견인인플레이션이 발생하는 배경은 가계 소비, 기업 투자, 정부 지출, 수출 등이 늘어남에 따라 총수요가 커진다는 점에 있다.

반면, 비용인상인플레이션은 총공급 감소를 통해 인플레이션을 발생시킨다. 총수요는 변함이 없는 상태에서 원자재 가격 등의 비용 상승이 발생하면, 기업들의 생산이 위축되면서 총공급이 감소하기 때문에, 총공급이 감소하고 물가가 올라가는 것이다. 예를 들어 국제 원유 가격이 상승했다고 가정해 보자. 원유는 각종 석유 에너지 및 다양한 석유화학 제품의 원료로서 여러 기업들이 사용하고 있다. 따라서 유가가 상승하면 대다수 기업들은 생산 비용이 상승한 만큼 제품 가격을 인상하여 이에 대비하고자 한다. 다시 말해 생산 비용 상승은 공급을 감소시킨다. 이처럼 생산비의 상승으로부터 촉발된 인플레이션을 '비용인상인플레이션'이라 한다.

코로나19로 인한 고인플레이션 상황도 비용인상인플레이션으로 설명할 수 있다. 전염병 사태 때문에 일시적으로 글로벌 무역이 중단되면서 기존의 항공, 해운 등 물류 인프라는 과잉 운영이 됐고, 비용 절감 차원에서 항공, 해운, 물류사는 약 2년 동안 지속적으로 인적·물적 인프라의 규모를 축소했다. 이러한 상황에서 전 세계 코로나19 백신 접종의 확대 및 위드 코로나 전환으로 글로벌 무역이 재개됨에 따라 물류 수요도 급증했는데, 지난 2년 동안 꾸준하게 감축된 물류 인프라로는 급증하는 수요를 감당하기가 어려워지게 되었다. 또한 '러시아의 우크라이나 침공 사태'는 혼란스러운 세계 경제 및 국제 질서를 더욱 불안정하게 만들었고, 러시아와 우크라이나는 천연가스, 석유 등 에너지 자원과 밀, 옥수수, 비료 등 식량 자원에 엄청난 큰 비중으로 수출을 해 왔었기 때문에 코로나로 시작한 공급망 대란 현상에 불을 붙였다.

요약하자면, 전 세계는 코로나 사태로 총수요 하락을 예측하여서 공급을 감소시켰지만, 생각보다 총수요는 줄어들지 않았고, 이에 러시아발 우크라이나 전쟁이 더해지면서 총공급은 더 줄어들어 총수요를 만족시키지 못했다. 즉 총수요에 비해 총공급이 줄어든 상황으로, 전반적인 생산 비용이 상승되는 비용인상인플레이션으로 고인플레이션 상황이 발생하였다.

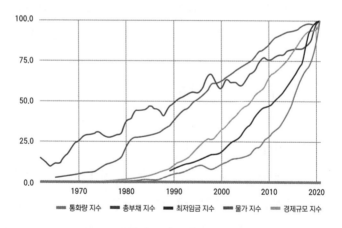

[물가, 최저임금, 경제 규모, 빚 규모, 통화량 비교]

이로써 물가를 결정하는 주요 변수는 금리와 통화량, 총공급과 총수요, 경제 규모 수준이고, 이것들이 부채 사이클과 밀접하게 연관되어 있다는 것을 파악했다. 따라서 최저임금보다는 세계의 경제 상황이 물가에 영향을 훨씬 많이 미친다고 볼 수 있다. 다만, 최저임금 또한 국가 경제에 큰 비중을 차지하는 물가에 영향을 주기 때문에 최저임금 수준을 책정할 때에도, 시기적 요소와 환경적 요소도 고려해야 할 것이다. 만약 한국이 후기질서에 놓여 있어 적극적인 최저임금 정책을 실행해야 하는 순간이 오더라도, 고인플레이션 국면에는 이를 자제할 필요가 있다는 뜻이다. 국가 경제에 치명적인 영향을 최소화하기 위해 물가와 최저임금의 사실관계를 숙지하고 이에 기반하여 적당한 시기를 잘 찾아야 한다.

요점 정리

Part 3.에서 길 잃은 최저임금 전쟁을 해결하기 위해 어떤 해답을 내려야 하는지에 관한 논의를 하였다.

첫 번째 챕터에서는 아래와 같이 정부의 소득 재분배 실행 원칙을 수립하였다. '초기질서'에는 발전에 걸림돌이 되는 방해물들을 제거하되, 건강한 금융정책을 토대로 과다한 부채가 발생하지 않게끔 하고, 형평성이 무너지지 않도록 올바른 제반 시설과 제도를 구축해야 한다고 말했다. '후기질서'에는 무너진 사회 내 형평성을 제고하고 빈부격차와 부채 문제를 해결하기 위해서 재분배 정책과 빚을 줄이는 정책을 실시해야 한다고 하였다. 그러나 후기질서 단계에서는 경제 규모가 줄어들어 세수가 줄고, 기본소득제, 중소기업 지원책과 같이 필요한 자금은 늘어나기 때문에, 빈부격차와 빚 문제를 동시에 해소하기에는 매우 힘들 것이다. 이러한 이유로 후기질서에 다다라서 빚과 빈부격차 문제를 해결하려고 들기 전에, 평소에 감당 가능한 부채와 빈부격차 수준을 유지해야 한다고 했다.

다음으로 빅사이클상 한국의 위치를 판단한 결과, 한국은 '후기질서'의 중반부 단계에 있다는 것을 파악했다. 이로써 한국은 재분배가 필요한 단계에 입성하였다는 것을 알 수 있었다.

두 번째 챕터에서는 최저임금 전쟁에 대한 해답을 내렸다.

1) 빅사이클에 따른 정부의 소득 재분배 실행 원칙을 토대로 여러 정책의 움
   직임을 통일시키기
2) 최저임금제의 목표를 소극적 소득 재분배로 삼기
3) 최저임금 수준을 중위임금·평균임금과 같은 특정 지표와 함께 장기적으
   로 연동하고 고려해서 결정하기
4) 최저임금제만으로 이 딜레마 같은 전쟁을 해결할 수 없으므로 다각도에
   서 재분배 정책을 실행하기
5) 재분배 정책을 통해 사회 이동을 향상시켜 궁극적으로 더 나은 경쟁 환경
   을 조성하기

마지막 챕터에서는 최저임금 인상이 물가를 상승시킬 수 있다는 우려에 대
해서 최저임금 인상은 물가 상승을 야기하는 결정 요인이 아니라, 영향 요
인이라고 하였다. 다만, 여러 거시경제 변수들로 인해 물가가 가파르게 상
승하는 고인플레이션 국면이 다가온다면, 최저임금 인상과 더불어 전반적
인 임금 인상을 자제할 필요는 있다고 하였다. 왜냐하면 물가 상승은 임금
상승에 유의미한 영향을 미치고, 고인플레이션 국면에서는 이러한 임금 상
승이 다시 물가 상승으로 이어지는 연쇄 효과가 전보다 뚜렷해질 수 있기
때문이다.

Part 4

전쟁은 끝날 수 없다

최저임금 너머

끊임없이 논의해야 할 것들

빅사이클에 따라서 다양한 재분배 정책을 실시하고, 최저임금제의 목표를 소극적 소득 재분배로 삼은 다음, 최저임금 수준을 중위임금·평균임금과 같은 특정 지표와 함께 장기적으로 연동하고 고려해서 결정하여 더 나은 경쟁 환경이 조성된다면, 유진과 사장 정훈의 사정도 자연스레 나아질 것이다. 왜냐하면 정훈은 중소기업 및 자영업자의 경쟁력이 강화됨에 따라서 최저임금으로 골머리를 앓을 일이 줄어들 것이고, 유진이 또한 최저임금 이외의 재분배 정책을 통해 여유가 생길 것이기 때문이다. 즉, 그들의 척박한 환경이 개선된다면, 더이상 서로가 최저임금을 가지고 극단적으로 대립할 이유가 사라진다.

게다가, 유진과 정훈이 최저임금제 이외의 방법으로 문제를 해결할 수 있다는 사실을 깨닫게 된다면, 오직 최저임금에 대해서만 주목할 필요가 없다는 현실을 알게 될 것이다. 최저임금에 국한되었던 논의를 전체적인 큰 틀에서 이어 갈 수 있는 단초가 마련되는 것이다. 따라서 서로의 몫이 더 크다며 당장의 생활에 연연하기보다, 앞으로는 서로가 발전과 경쟁에 집중할 수 있는 구조를 구축하려고 할 것이다. 마치 최저임금 전쟁에서 모두가 승리할 수 있는 해결 방법으로 보인다.

그러나 이렇게 잠시 상황이 일단락될 수 있다고 하여서 최저임금 전쟁에 대한 논의가 끝나는 것은 아니다. 최저임금 전쟁을 포함한 모든 형태의 문제는 세계가 변화함에 따라서, 우리에게 또 다른 형태의 문제로 다가오기 때문이다. 즉, 최저임금 전쟁에 대응하기 위한 최선의 해결책이 나중에는 무용지물이 될 수도 있다. 그러므로 끊임없이 더 견고한 최저임금제를 만들기 위해서 노력해야 한다.

우리는 이제 막 4차 산업혁명의 시기에 들어서고 있다. 또한 최근 일각에서는 차등 최저임금제라는 대안을 제시하기도 한다. 어떤 이들은 이 모든 논쟁의 시발점이 되는, 근본적인 가치관을 두고 대립하기도 한다.

이것들은 앞서 한 이야기들의 범위를 넘어선 논쟁거리이다. 유진과 사장 정훈은 물론, 우리 또한 필연적으로 마주하게 될 사회의 주요 고민거리이기도 하다. 과연 차등적으로 최저임금을 지급하는 게 현명한 일일까? 4차 산업혁명은 최저임금에 어떤 영향을 미치는 것일까? 애초에 이 모든 것들을 두고 서로 능력에 따라 경쟁하는 것이 최선일까?

이번 파트에서는 지금까지 해 온 논의를 더욱 확장시켜서 우리가 고민을 이어 나갈 부분들을 확인해 보겠다. 그렇다면 유진과 사장 정훈에게 가장 직접적인 영향을 주는 차등 최저임금제부터 살펴보자.

차등 최저임금제는 방안이 될 수 있는가?

유진이는 최근에 들리는 차등 최저임금제에 대한 소문으로 마음이 편치 않다. 차등 최저임금제가 도입되면 업종이나 지역에 따라 임금이 다르게 결정될 수 있기 때문이다. 이전에는 최저임금이 생계비를 보장해 주는 안전망 역할을 해 줬지만, 차등 최저임금제로 인해 어려움을 겪을지도 모른다고 생각한다. 특히나 유진이가 일하고 있는 치킨집의 생산성이 높은 편은 아니므로, 이곳의 최저임금은 분명 떨어질 게 분명해 보였기 때문이다.

반면, 정훈은 차등 최저임금제에 긍정적이다. 그는 치킨집과 같이 상대적으로 생산성이 떨어지는 업종들의 임금 부담이 완화됨에 따라서, 경쟁력이 확보되어 전보다 경제적으로 안정될 수 있을 것이라 믿기 때문이다.

이처럼 차등 최저임금제가 최근 들어 뜨겁게 논의되고 있는 이유는 유진과 정훈과 같이, 차등 최저임금제의 실행이 불러올 경제적, 정치적, 사회적 효과에 대해서 반응이 엇갈리고 있기 때문이다.

특히 문재인 대통령이 2018년의 최저임금을 급격히 인상시키면서 알바생과 자영업자, 경영계와 노동계의 입장이 뚜렷이 갈라진 시점에서부터 이 논의는 본격화되었다. 또한 윤석열 대통령이 후보 시절 "최저임금제도는 최저임금 이하를 받고서라도 일하고 싶은 사람들의 일자리를 빼앗는 것."이라고 발언하면서, 논의의 불씨를 키웠다.

논란의 차등 최저임금제, 방안이 될 수 있을까?

이번 챕터에서는 차등 최저임금제 본질을 다루어 보면서, 이것이 어떠한 경제적 효과를 보일 것인지에 대해 살펴보겠다.

차등 최저임금제 논의의 본질

현행 최저임금법에 따르면, 사업의 종류에 따라 최저임금을 구분해 정할 수 있지만, 2023년 이전까지 실제로 차등 적용이 이뤄진 건 지난 1988년 단 한 번뿐이다. 그 이후 2024년까지 전 사업에 동일 임금이 일괄 적용되고 있다. 차등 최저임금 적용이 법으로 가능하지만, 실질적으로 효력이 있던 적은 거의 없던 것이다.[1] 이처럼 차등 최저임금제에 대한 과거의 사례가 부족한 터라, **차등 최저임금제에 찬성하는 경영계, 그리고 이에 반대하는 노동계의 주장도 뚜렷하게 나뉜다. 어떤 이유로 차등 최저임금제에 대한 양측의 주장이 상충되는 것일까?**

먼저 경영계에서는 업종마다 기업의 임금 지불 능력이 천차만별이기에 차등 최저임금 적용이 합리적이라 주장한다. 그리고 동시에 이는 일자리 감소를 줄일 것이라고 한다. 즉 경영계는 업종, 지역별로 기업이 지불할 수 있는 임금 수준이 다를 수 있으므로, 이것을 고려하여서 최저임금 수준을 차등적으로 정해야 한다고 주장한다. [2)]

이들은 차등 최저임금제를 기업에게 우호적인 정책으로 인식하였다. 이렇게 업종, 지역별로 기업의 임금 지불 능력을 고려하여서 최저임금 수준을 정하게 된다면, 기업의 인건비 부담이 완화됨에 따라서 기업들의 공급 능력이 나아질 것이라고 보았기 때문이다. 시장의 자율성과 성장의 가치를 우선으로 두고, 기업이 성장함으로써 공급 측면이 발달되어야 경제가 성장한다는 신자유주의 체제를 표방하는 보수당의 논리가 차등 최저임금제 논의에도 적용된 것이다. 다시 말해서 경영계, 보수 가치를 표방하는 정당, 신자유주의 집단 등은 차등 최저임금을 적용하게 된다면, 기업의 역량이 발전함에 따라 근로자들의 소득도 덩달아 증가할 것이니, 모두에게 유익한 방안이라고 보는 경향이 뚜렷하다.

그러나 노동계에서는 차등 최저임금제를 부정적으로 인식함과 동시에, 최저임금은 임금을 억제시키는 상한선이 아니라, 국민 최소의 삶을 보장하는 하한선이라고 이야기한다. 어느 업종에 근무하든지 간에 사회적으로 먹고살기 위해 필요한 최소한의 비용이 존재하기 때문이다.

이들은 최저임금 수준을 특정 업종 및 지역의 임금 지불 능력에

만 주목한다면, 노동자의 생활을 최소한으로 보장하는 최저임금제도의 취지를 가볍게 여기는 것으로 보는 것이다. 또한 양극화가 화두인 시대에 다소나마 격차 축소에 기여하던 최저임금제의 역할마저 흐지부지하게 만드는 정책이라고 본다. 이렇게 업종, 지역별로 기업의 임금 지불 능력을 고려하여 최저임금 수준을 정하게 된다면, 기업의 임금 지불 부담 정도가 완화되긴 하지만, 그 부담을 온전히 가계가 짊어질 것으로 보았기 때문이다. 분배와 노동 및 근로에 대한 가치를 우선으로 두고, 가계의 소득이 증가함으로써 수요 측면이 발달되어야 경제가 성장한다는 수정자본주의 체제를 신봉하는 진보 가치를 표방하는 정당의 대표적인 논리 회로에 반하는 행위이다. 결과적으로, 이들은 차등 최저임금 적용이 근로자의 총소득과 총소비를 감소시킬 것으로 예측하기 때문에 차등 최저임금 적용은 모두에게 불리할 것으로 본다.

이처럼 경영계는 자신의 형편이 먼저 개선된다면 노동계의 형편도 덩달아 나아질 것이라 주장한다. 한편, 노동계는 자신의 형편이 먼저 개선된다면 경영계의 형편도 덩달아 나아질 것이라 주장한다. 즉, 각 진영 모두 '나'부터 챙기면 나아질 것이라는 논리이다.

차등 최저임금제 논의의 본질은 '기업과 가계 중, 경영계와 노동계 중, 성장과 분배 중, 어느 쪽을 우선적으로 보강하는 것이 경제적으로 합리적인가?'에 관한 것이다.

양측의 논리 모두 일리가 있고, 왜 그렇게 주장했는지에 관해서도 이해가 된다. 시장, 성장, 기업, 공급 등의 측면을 중시하는 경영계, 그리고 정부, 분배, 노동, 수요 등의 측면을 중시하는 노동계의 목소리가 차등 최저임금제에도 반영된 것이다. 결국 현재의 시장 상태를 어떻게 받아들이는지에 따라서 입장이 서로 갈리는 것이다. 이는 현 상황을 어떻게 판단하는지에 따라서 입장이 갈리게 된다는 이야기로, 첫 번째 파트에서 짚어 보았던 부분이기도 하다.

차등 최저임금제 실행의 기대 효과는?

우리는 앞에서 차등 최저임금제 논의의 발단과 본질에 대해 알아보았다. **그렇다면 이 논의의 발단과 본질을 통해 우리가 나아가고자 하는 바는 무엇일까?**

간단하다. '그래서 차등 최저임금제도는 우리의 살림살이를 보태 줄 것인가.'이다. 유진과 사장 정훈, 그리고 우리 모두가 차등 최저임금제를 통해 더 나은 삶을 살 수 있을지가 관건인 것이다. 그러므로 지금부터는 차등 최저임금제에 관한 여러 연구 자료를 살펴보며, 차등 최저임금제 실행의 기대 효과를 알아보겠다.

한국경제인협회 산하 한국경제연구원의 조경엽 선임연구위원의 「최저임금 차등화의 경제적 효과」에 대한 주요 내용을 파악해 보면서 시작하겠다.

먼저, 이 보고서는 다음과 같이 업종별로 차등 적용 기준을 설정하였다. 숙박 및 음식업과 같이 생산성이 낮은 특례 업종들의 최저임금은 2017년부터 2021년까지 연평균임금 상승률(3%p)만큼, 그외 생산성이 높은 업종들의 최저임금은 2021년까지 1만 원으로 인상된 것으로 설정하였다.

위의 차등 적용 기준으로 각 시나리오를 추정한 결과, 본 연구는 차등 최저임금제 실행과 주휴 수당 폐지라는 제도 개선만으로도 최저임금의 부작용을 크게 완화할 수 있을 것으로 보았다. 우선 최저임금을 차등 적용하게 되면, 고용이 좋아질 것이라고 예측했다. 최저임금이 1만 원인 업종에서 해고된 근로자가 최저임금이 연 3%만 올랐던 업종으로 이동하여 재취업하는 기회가 확대될 것으로 보았기 때문이다. 추가적으로 여기에 주휴 수당까지 단계적으로 폐지된다면, 고용은 더욱 좋아질 것이라고 이야기했다. 그리고 이렇게 고용이 개선됨에 따라서 경제와 소득 재분배 수준도 나아질 것으로 예측했다. 마지막으로, 정부는 부작용을 막겠다고 국민 세금을 투입하고 관련 시장을 규제할 것이 아니라, 최저임금의 제도 개선에 역점을 두어야 한다고 주장했다.[3]

즉, 이 보고서는 최저임금제의 차등 적용과 주휴 수당 폐지가 경제성장률을 더 상승시킬 것으로. 저소득층에게 고용의 기회를 확

대시킬 것으로. 빈부격차를 축소시킬 것으로 예측했다. 최저임금
제를 차등 적용하고 주휴 수당을 폐지한다면 한국의 경제가 개선
될 것이라고 판단한 것이다.

그러나 이 보고서는 기업의 지불 능력과 생산성, 그리고 그에 따
른 정량적인 지표의 변화분에 주목하여 시나리오를 전개하다 보니
미처 고려하지 못한 부분도 있었다. 특히, 차등 최저임금제를 실행
함으로써 발생하는 사회적 비용과 한국 경제 구조의 잠재적 변화
가능성을 간과하였다.

다시 말해, 보고서의 시나리오대로 진행되기 위해서는 다음의 두
가지 전제가 필요하다. 차등 최저임금제가 실행되더라도, 1) 모든
사회 구성원들의 반발 없이 그대로 받아들일 것이라는 전제, 2) 여
태까지 이어져 왔던 기존의 추세가 유지될 것이라는 전제가 필요
하다. 기업의 지불 능력과 생산성에 초점을 맞추었으므로, 노동계
가 가장 우려하고 있는 부정적 효과를 시나리오에 반영하지 않은
채로 결과를 도출하였기 때문이다.

사실, 차등 최저임금제를 실행하여 앞과 같은 시나리오의 결과를
기대할 수 있다면 좋겠다. 경제, 고용, 소득 재분배를 개선한다는데
나쁠 이유가 없는 것이다. 그렇다면 노동계가 우려한 부분은 무엇
일까?

노동계는 차등 최저임금제에 대한 논의가 진행되는 것은 좋으나,

최저임금제 본래의 목적이 훼손당할 가능성에 대해서 우려를 표하고 있다. 최저임금제는 근로자가 최소한의 삶을 보장받을 수 있도록 설정된 임금의 하한선이다. 그런데 기업의 사정을 봐줌에 따라서 하한선을 조정하게 되면, 최저임금제 본래의 목적이 훼손될 수 있으니 걱정을 하는 것이다.

차등 최저임금제가 노동의 질을 떨어뜨릴 수 있다는 점 또한 우려의 대상이다. 일본의 경우, 주변 지역보다 최저임금이 빠르게 인상되는 지역은 비정규직 고용이 높아졌다. 상대적으로 최저임금이 높은 곳으로 인력이 대거 유입되므로, 생산성이 낮은 근로자의 유입 또한 늘어났기 때문이다. 더불어, 최저임금의 지역별 차등화가 최저임금이 높은 도시의 남녀-소득 불균형을 심화시킬 가능성이 있다. 최저임금이 빠르게 상승하는 지역에서 여성 노동자의 비정규직 고용이 남성 근로자 집단에 비하여 가파르게 확대되었기 때문이다. 즉, 차등 최저임금제로 인해 고용의 질이 전반적으로 하락하는 현상이 발생할 수 있다는 뜻이다.[4]

마지막으로 특정 지역과 업종에 대한 낙인 효과도 우려의 대상이다. 만약 차등 최저임금제의 실행으로 특정 지역과 업종의 최저임금 수준이 낮게 설정된다면, 해당 지역과 업종을 심리적으로 기피하게 되는 현상이 발생할 수 있다. 그리고 이는 사회적 문제로 충분히 발전할 소지가 있다.[5]

차등 최저임금제 실행하면,
중소기업과 자영업자의 사정은 좀 나아질까?

차등 최저임금제, 어떻게 손 써야 최선의 시나리오로 흘러갈 수 있을지 고민이 된다. 앞서, 차등 최저임금제에 대한 논쟁의 본질은 '기업과 가계 중, 경영계와 노동계 중, 성장과 분배 중 어느 쪽을 우선적으로 보강하는 것이 경제적으로 합리적인가?'에 관한 싸움이라고 하였다.

그렇다면 이렇게 묻겠다. 가령 기업의 지불 능력에 따라, 혹은 지역에 따라, 차등 최저임금제를 실행하게 된다고 하더라도 기업의 경쟁력 문제는 근본적으로 개선될까? 차등 최저임금제가 기업과 경영진의 형편을 효과적으로 보강할 수 있는지에 대한 근본적 질문이다.

주로 최저임금도 제대로 지불하지 못하는 주체는 열악한 중소기업, 그리고 자영업자이다. 그리고 이들이 정말 힘든 이유는 절대 높은 인건비뿐만이 아니다. 앞서 다루어 보았듯, 그보다는 대기업과의 격차, 한정된 몫을 가지고 다투는 경쟁 때문이다.

경제 구조의 개편이 일어나지 않는다면, 차등 최저임금제이든 뭐든 간에, 결국 다시 저소득층 간의 제로섬 싸움이다. 다시 말해서 차등 최저임금제도가 도입된다고 하더라도, 현재 우리가 부닥치고

있는 '사장 vs. 알바생', '중소기업의 딜레마'는 해결되기 어렵다.

차등 최저임금제를 통해 기업 및 지역의 경쟁력을 제고하기 위한 것이라면, 차등 최저임금제보다는 다른 직접적인 정책이 나아 보인다. 물론, 동시에 노동계와 경영계의 목소리를 반영하여 더 견고한 최저임금제를 만들어야 한다. 노동계와 경영계의 우려점들을 잘 반영하고 조율한다면, 차등 최저임금제도 하나의 방법이 될 수도 있다고 생각한다. 다만, 지금 당장 헷갈리는 점은 '최저임금제는 어디까지 고려해야 되는 제도인가?'이다. 말 그대로 최저임금제는 임금 근로자가 최소한의 삶을 살 수 있게끔 보장하는 제도이기만 하면 되는 건지, 혹은 더 나아가 기업의 측면까지 고려해야 되는 건지 혼란스럽다. 개인적으로 최저임금제는 소극적 소득 재분배를 목표로 삼아야 한다고 주장했지만, 모든 제도는 가치관에 기대어 형성되므로, 아직 최저임금제의 정의가 불분명한 점이 존재하는 것 같다. 최저임금제의 정의가 분명하게 내려진다면 차등 최저임금제가 수행해야 되는 역할도 분명해질 것이다.

만약 노동자와 기업 측면 모두 최저임금제의 고려 대상이라면, 빅사이클에 따라 각 측면의 비중을 조절할 필요가 있겠다. 그러나 최저임금제만으로 소득 재분배에 관여하는 정도를 결정하기에는 무리가 있다. 앞서 이러한 이유로 최저임금제는 소극적 소득 재분배를 목표로 삼는 것이, 최저임금제보다 다른 효과적인 정책은 적극적 소득 재분배를 목표로 삼는 것이 바람직하다고 앞서 말했다. 중소기업과 자영업자의 경쟁력을 확보하기 위해서는 차등 최저임금제보다는 다른 방법이 효과적일 수 있는 것처럼, 저소득층의 소득분배율을 높이기 위해 최저임금제만으로는 한계가 있는 것처럼 말이다.

최저임금제와 4차 산업혁명

4차 산업혁명이 언제 시작될 것인지, 혹은 이미 시작된 것인지, 혹은 3차 산업혁명과 별반 다르지 않은 개념인지에 관해서 많은 전문가들이 의견 차이를 보이긴 한다. 그러나 인간이 조만간 또 다른 변화의 물결에 적응해야 한다는 사실에는 이견이 없다.

유진이와 정훈, 그리고 우리 모두가 4차 산업혁명이 세상을 바꿀 것이란 이야기를 이전부터 꽤 많이 들어왔다. 새로운 혁신이 우리의 삶을 더욱 편안하게 만들어 줄 것이라는 긍정적인 이야기도 들려왔지만, 부자 혹은 특출 난 사람이 아닌 이상 기계에게 대체될 것이라는 다소 두려운 이야기도 들려왔다.

물론, 기계가 인간의 노동을 전부 대체하기까지는 오랜 시간이 걸린다는 사실을 차치하더라도, 4차 산업혁명은 기존의 노동시장을 뒤흔들고 있으며, 이로 인해 다양한 노동의 형태가 새롭게 등장하고 있다는 사실을 우리 모두가 인지하고 있다. 당장 자영업자, 소상공인, 플랫폼 노동자, 프리랜서 등 전보다 많은 사람들이 임금 소득 외의 다양한 형태로 돈을 벌고 있으니까.

이런 상황에서 유진이는 그녀의 미래가 어떻게 될지 알 길이 없지만, 미래에 임금 노동 말고 다른 형태의 노동을 하게 된다면, 현재의 최저임금제와 같은 재분배 정책의 혜택을 받기 어려울 것이라고 느낀다. 정훈 또한 마찬가지로, 치킨집을 운영하기 위해 노력하고 있지만, 자신과 같은 자영업자와 소상공인들이 임금 근로자들에 비해 재분배 정책에서 소외되었다고 느낀다. 4차 산업혁명이 다가온다면 더욱이 소외될 것이라고 보고 있다.

따라서 이번 챕터에서는 4차 산업혁명을 중심으로, 우리가 가까운 미래에 어떠한 변화를 맞이할 것인지를 살펴보고자 한다. 특히, 새로운 기술 혁신이 융합된 사회는 노동시장을 중심으로 어떠한 특징을 띠게 될 것인지에 대해 논의해 볼 것이다. 그다음 해당 논의를 토대로, 최저임금제를 비롯하여 우리 사회가 어떻게 적응해야 하는지도 이야기할 것이다.

비록 이 책은 4차 산업혁명을 전문적으로 다루는 책이 아니기 때문에 질적으로나 양적으로나 부족한 면이 존재하지만, 분명 이러한 고민은 최저임금제를 비롯하여, 우리 사회의 정책이 어떻게 변화의 물결에 발맞추어 대응해야 하는지에 대한 방향성을 제시할 것이다.

4차 산업혁명은 무엇인가?

2016년 세계경제포럼(The World Economic Forum)에서 클라우스 슈밥(Klaus Schwab)이 발표한 4차 산업혁명의 개념은 1~3차로 이어지는 기술을 연결하고 융합하는 일련의 사이버물리 시스템(Cyber physical System)이다. 다시 말해, 4차 산업혁명의 주요 기술인 인공지능, 사물 인터넷, 블록체인, 나노생명공학, 로봇공학, 무인운송수단, 빅데이터, 3D 프린터, 헬스케어, 가상현실 및 증강현실, 응용서비스 등의 분야가 전례 없는 방식으로 경제, 일자리, 일상생활, 거버넌스(Governance, 국가 운영의 통치 방식), 환경 등을 획기적으로 재편할 것이라고 보고 있다.[6]

그렇다면 정확히 산업혁명이란 개념은 뭘까?

산업혁명이란 기술, 생산 방식, 사회 변화 등의 급속한 발전으로 인한 변혁의 시기를 의미한다. 한마디로 우리의 삶이 혁신적으로 바뀌게 된 시기를 말하는 것이다. 보다 산업혁명의 개념을 자세히 이해하기 위해, 역사적으로 존재했던 1~3차까지의 산업혁명을 대략적으로 알아보도록 하겠다.

제1차 산업혁명(18세기 후반~19세기 초반)은 제임스 와트의 증기 엔진 발명으로 시작되었다. 본격적인 기계화와 공장화, 농업 사회에서 도시 중심 사회로의 전환, 그리고 대량 생산이 대표적인 특징들이다. 이러한 1차 산업혁명은 효율성과 생산성을 향상해 엄청 난 경제적 풍요를 이루었다.

뒤이어 제2차 산업혁명(19세기 중반~20세기 초반) 시기에는 헨리 포드의 컨베이어 벨트가 생산 양식에 더 큰 혁신을 만들어 냈다. 철강, 전력, 전화 통신 그리고 철도의 보급과 함께 제조업과 중공업이 부상하였고 무역과 세계화를 통해 지속적인 경제 발전이 이루어진 시기이다.

제3차 산업혁명(20세기 중반~20세기 후반)에는 컴퓨터, 디지털 기술, 인터넷 발전의 혁신으로 기술 중심 산업의 성장, 제조업의 자동화, 서비스 부문의 확장 그리고 지식 기반 경제 등이 이루어졌다. 더불어 전 세계가 더욱 끈끈해지면서 경제성장률 또한 활기를 띠던 시기이다.

마지막으로 20세기 후반부터 현재까지는 제4차 산업혁명이 이루어지고 있다. 스마트폰의 확산, 인공지능 및 기계 학습의 증가, 사물 인터넷(IoT)의 발전, 재생 가능 에너지의 발전 등이 디지털 기술을 일상생활에 통합하고 연결성과 소통을 강화시켰다. 또한, 발전을 넘어 지속 가능성과 환경에 대해서도 기술적인 움직임들이 뚜렷하게 나타났다.

그러나 산업혁명이 매번 순조롭게만 진행되지는 않았다. 혁신과 생산성 향상에 대해 반발하는 자들이 있었기 때문이다. 기본적으로 우리는 10명이 할 수 있는 일을 1명이 할 수 있는 상황이 왔을 때, 혁신이라고 이야기한다. 이는 생산성이 늘어난 결과이기도 하지만, 1명을 제외한 9명이 실직하게 되는 결과이기도 한다. 즉, 기술 혁신이 노동에 부정적인 영향을 줄 수도 있다는 뜻이다.

실제로 19세기 초 영국, 1811년에서 1817년 사이에 발생한 러다이트(Luddite) 운동이 있었다. 이 운동은 분노에 가득 차 직물 기계를 파괴했다고 알려진 가상의 인물인 네드 러드(Ned Ludd)의 이름을 따서 지어졌다. 러다이트인들은 주로 직물 분야에서 산업의 급속한 기계화에 반대하는 직조공과 골조 뜨개질공과 같은 숙련된 섬유 노동자들이었다. 물론 러다이트인들의 분노는 끝내 기계화와 산업화의 진행을 막을 수 없었다. 그러나 이는 기술 변화가 노동에 미치는 영향에 대한 근로자들의 우려를 나타낸다.

이렇게 산업혁명과 기술 혁신에 대한 우려가 지속적으로 존재한다는 것은, 그만큼 인간 사회도 변화에 맞추어 체제, 사고, 관념, 규정 등을 바꾸어 나가야 한다는 것을 의미한다. 그리고 만약 이러한 변화에 인간 사회가 적응하지 못한다면 이내 재앙을 맞이할 것이다.

예컨대 핵폭탄보다 초월적으로 강한 인류 살상 무기가 나왔다고 가정하자. 그런데 이 살상 무기를 통제할 체제, 관념, 사고, 규정 등이 없다면, 인간 사회는 초토화될 것이다. 영화감독 크리스토퍼 놀란(Christopher Nolan) 작품인 〈오펜하이머 Oppenheimer〉에서 현대물리학의 아버지 닐스 보어(Niels Bohr)는 원자폭탄을 만든 오펜하이머에게 다음과 같이 말했다.[7] "너는 사람들에게 스스로를 파멸시킬 힘을 준 사람이야. 세상은 아직 그것을 받을 준비가 되지 않았는데 말이지."

즉, 4차 산업혁명의 정의와 개념을 이해하는 것을 넘어, 이 혁신의 물결에서 우리가 무엇을 준비해야 하는지 고민해 봐야 한다. 이것이 4차 산업혁명이라는 혁신의 물결에서 우리가 해내야 할 과제이다.

4차 산업혁명이 가져올 노동시장의 변화

지금까지 미래 사회 변화와 그로 인한 사회적 효과들에 대한 논의에서 가장 중심적인 것은 노동의 대체 가능성과 관련된 논의이다. 기술력과 기계의 발전으로 인해, 인간의 노동력이 기계로 대체될 가능성이 높아졌다. 몇 세기 전만 하더라도, 농업과 같이 인간의 노동력이 필수적이었던 산업에서조차도 상당 부분 기계로 대체된 역사를 보면 그 가능성은 더욱 뚜렷해 보인다. 다시 말해, 기술 발전은 사회 전반에 있어 인간의 노동력이 갖는 의미를 퇴색시키고 있다.

1996년 미국 경제학자 제레미 리프킨(Jeremy Rifkin)은 『노동의 종말』에서 기술의 변화로 인해 일자리가 엄청난 속도로 사라질 것이라 예상했다. 특히, "2050년쯤이면 전통적인 산업 부문을 관리하고 운영하는 데 전체 성인 인구의 5퍼센트 정도밖에 필요하지 않게 될 것이다."라고 전망하였다.[8]

실제로 1980년대 미국의 은행에 컴퓨터가 도입되면서 직원 3분의 1이 해고되었다. 물론 이러한 리프킨의 예측대로 노동이 완전히 사라진 것은 아니지만, 역사적으로 기술의 발전은 각 시대의 경제 및 사회 체계를 전환시켰다. 즉, 사회 전반의 근본적인 변화를 주도하는 역할을 해 왔다. 그리고 이러한 산업 구조의 변화는 일자리의 변화를 가져왔으며, 이는 소득의 불평등과 양극화에 커다란 영향을 미쳤다.

결과적으로, 제4차 산업혁명으로 인해 일자리 없는 미래가 도래할 것인지에 대해서는 여전히 상반된 주장이 대립한다. 다만 일자리의 질, 즉 불안정한 일자리가 증가할 것이라는 예측에 대해서는 큰 이견이 없는 듯 보인다. **적어도 지능정보기술의 발달로 노동시장에서 자동화가 보편적으로 이루어진다면, 단순하고 반복적인 업무를 수행하는 인력에 대한 수요는 감소할 것이다. 반면, 고부가가치 업무를 수행하는 고급 인력에 대한 수요는 증가하는 등 고용 구조상의 변화는 일어날 것으로 예상된다.**

이러한 이유로 4차 산업혁명으로 변화된 노동시장은 중산층

(middle class)의 비중을 감소시킬 것이며, 첨단기술과 저기술, 고비용 노동과 저비용 노동 간의 격차가 더욱 크게 될 것으로 전망된다. 다시 말해, 자본가와 비자본가, 고소득층과 저소득층, 첨단기술 도시와 저기술 도시, 선진국과 저소득 국가 등 간의 격차가 뚜렷해진다는 이야기이다.[9]

그리고 이러한 소득 격차는 4차 산업으로 변화될 노동시장의 두 가지 특징 때문이다.

첫째, 4차 산업혁명으로 다양한 노동 형태에 근무하는 노동자들이 증가하는 반면, 이 노동자들을 사각지대로부터 보호할 만한 법과 체제가 미흡하므로 소득 격차가 커지게 된다. 현재의 법과 체제로는 플랫폼 노동 등과 같은 비정형적인 노동의 종류를 전부 포괄할 수 없다. 이는 다양한 노동 형태에 근무하는 노동자들로부터 적절한 세금, 복지, 규정 등을 적용할 수 없다는 걸 의미한다. 만약 비정형적인 형태에 근무하는 열악한 노동자들을 국가 차원에서 보호할 수 없다면, 이런 형태에 근무하는 노동자들의 생계는 더욱 열악해질 것이다.[10]

특히, 기술 혁신으로 플랫폼 노동 등 비정형적인 고용 형태가 늘어나고 있다. 여기서 플랫폼 노동이란, 특정 사업주와 고용 계약을 맺는 것이 아닌, 원하는 시간에 자율적으로 플랫폼에 접속해 활동하면서 소득을 창출하게 되는 형태의 노동을 이야기한다. 그리고 이러한 유연성으로 인해 플랫폼 노동자는 헌법 제32조와 제33조*에서 보장되는 기본권, 또한 이를 근거로 제정된 근로기준법 등 근로자로서 누릴 수 있는 법적 권리를 보장받기 어려운 경우가 많다. 그리고 이는 필연적으로 고용 불안의 문제를 낳는다. 플랫폼 노동이 더욱 증가할 것으로 전망되는 제4차 산업혁명 시대에, 노동시장의 다양성과 불확실성이 역시 더욱 증가할 것으로 예상되는 또 다른 이유이기도 한다. 실제로 2022년, 넓은 의미에서 플랫폼에 종사하는 사람들의 비율은 전체 취업자 중 약 8.6%에 달한다.[11]

둘째, 고차원적인 인프라 환경에 노출될수록 4차 산업혁명에서 살아남을 확률이 높기 때문에 엘리트층과 그렇지 못한 환경에 노출될 확률이 높은 사람들의 소득 격차가 커진다. 즉, 더 잘 교육된 사람일수록, 더 첨단기술의 인프라 환경에서 근무하는 사람일수록, 4차 산업혁명의 노동시장에서 성공할 가능성이 높다는 이야기이다. 이는 비단 개인뿐만 아니라, 집단, 지역, 국가 차원에서도 소득 격차가 뚜렷해질 수 있다는 것을 의미한다. 특히, 작은 범위로는 가정 환경, 더 넓은 범위로는 집단, 지역, 국가의 경제력, 기술력, 교육 여건 등에 따라, 생산성 및 소득 격차가 뚜렷해질 것이다.[12]

---

* 노동기본권으로서, 노동권(32조1항)과, 단결권, 단체교섭권, 단체행동권(33조1항)을 통틀어 근로자의 인간다운 생활을 보장하기 위한 조항이다.

최저임금제는 4차 산업혁명에 어떻게 적응해야 하는가?

4차 산업혁명은 한편으로 기존의 단순 반복 노동에서 인간을 자유롭게 해 준다는 점에서 매우 바람직한 변화라고 할 수도 있다. 그러나 인간의 단순노동을 넘어서 복잡한 작업까지 기술의 대체가 이루어진다면, 그 사회적 영향은 매우 크면서도 부정적인 것으로 나타날 가능성도 보인다. [13]

따라서 4차 산업혁명은 클라우스 슈밥이 그의 책 『제4차 산업혁명(The Fourth Industrial Revolution)』에서 밝혔듯이, 4차 산업혁명의 혜택이 공정하게 배분되도록 보장해야 한다. 과거의 산업혁명들이 만들어 낸 시스템이 특정한 방향으로 편향되었을 수 있으며, 혜택을 사유화하고 부와 기회를 소수의 손에 집중시키려고 하는 제도로 인해 혜택이 골고루 돌아가지 않은 경우가 있기 때문이다. 특히, 저소득층에게도 기회가 주어질 수 있도록 사회적 인프라의 구축 및 지원 등이 필요하며, 동시에 비정형적인 노동 형태에 대해서도 법과 체제의 보완이 필요하다.

그렇다면 최저임금제는 어떻게 4차 산업혁명에 적응해야 할까?

어느 보고서에 따르면, 2017년의 최저임금 6,470원을 기준으로 1만 원까지 최저임금을 올리게 되면, 반복적 단순 노무 노동 및 비반복적 육체노동의 일자리가 크게 줄어든다고 밝혔다. 대략 두 노동 분야 모두 일자리가 40% 이상 줄어들 수 있다고 이야기하는데, 해당 결과의 정확성을 떠나 4차 산업혁명에서 두 노동 분야는 빛을 보지 못할 것이라는 결과는 사실이다.

구분	변화율 (%)	임금근로자수 (명, 2016년)	최저임금 54.6% 인상에 따른 일자리 변화(명)
비반복적 인지 노동	0.45	4,190,155	18,848
반복적 비단순노무 노동	0.45	10,765,852	48,430
반복적 단순노무 노동	-38.41	2,562,057	-983,963
비반복적 육체 노동	-43.94	2,150,936	-945,085
합계	-	19,669,000	-1,861,769

최저임금 54.6% 인상(최저임금 10,000원)에 따른 일자리 변화 (일자리 안정자금 미지급 시)

※ 주: 최저임금을 54.6% 상승시킨다는 의미는 2017년 6,470원에서 10,000원으로 인상시킨다는 의미임

[최저임금 1만 원 시 일자리 변화]

따라서 과도한 최저임금 인상은 저임금 근로자의 생계를 위협할 수 있다는 사실, 그리고 4차 산업혁명 시대의 노동시장의 변화 양상을 고려할 때, '최저임금제는 어떻게 4차 산업혁명에 적응해야 하는가?'에 대한 개인적인 의견은 다음과 같다.

우선 적정 최저임금 수준은 앞서 Part 3에서 밝혔던 다섯 가지 해답을 기반으로 결정한다면, 여전히 국가적 차원에서 효과적으로 임금 근로자의 생계를 보호할 수 있을 것으로 보인다. 다만, 4차 산업

혁명 시대에는 임금 근로자를 보호해 주는 최저임금제 외에도, 다양한 노동 형태에서 근무하는 노동자들의 최저 생계를 보장하는 제도를 실행해야 한다고 판단한다.

유진이는 치킨집에서 근로 계약서에 따라 고용된 알바생으로 일할 수도 있으나, 온라인에서 그림을 그려주는 프리랜서를 할 수도 있다. 정훈도 단지 사장님이라는 이유로 최저 생계를 보장받지 못하는 것은 바람직하지 않다. 따라서 역소득세, 근로장려세제, 기본소득제, 보편적 복지책 등 **다양한 방법을 통해 열악한 계층이 사각지대에서 벗어날 수 있도록 다각도의 정책적인 접근이 필요할 것**으로 보인다. 즉, 다양한 형태의 '최저소득제'를 고려해야 할 필요성이 있는 것이다.

능력주의 vs 협력주의

  이번 챕터에서는 능력주의와 협력주의에 대해 알아보며, 더 나은 사회를 위한 튼튼한 토대에 대해 고찰해 보려고 한다. 더 나은 세상을 구축하기 위해서는 어떠한 가치관을 더욱 중시해야 하는지 끊임없이 파악하고 고민해야 하기 때문이다. 이러한 고민은 최저임금제를 비롯하여 더 넓은 범위에서의 사회 기반 정책들이 그 이상으로 가까워질 수 있도록 할 것이며, 우리 사회가 발전할 수 있는 건강한 기반을 다질 것이다.

  현존하는 지구 최대의 고등 생명체이자, 타의 추종을 불허하는 화려한 발전을 이룩한 생명체, 그 주인공은 인간이다. 인간은 다른 생명체들의 존망과 운명을 결정할 수 있을 만큼 엄청난 힘을 가지고 있다. 그리고 그 힘의 원천은 분명 인간의 경쟁과 협력 덕분일 것이다.

  경쟁에는 승자와 패자가 존재한다. 경쟁에서 살아남은 강한 자가 승리를 거머쥐고, 살아남지 못한 약자는 도태되는 약육강식의 논리이다. 이후에 자세히 알아볼 것이지만, 약육강식의 논리는 능력주의라는 개념과 흡사하다. 이 약육강식의 논리가 반영된 능력주의 덕분에 인간은 지속적으로 경쟁을 하며 더 나은 세계를 만들었다.

이는 사장 정훈의 경우에서도 볼 수 있다. 그는 알바생들이 서로 고용을 원하는 시장에서 알바생 유진이를 뽑았다. 그가 보기에 유진이가 다른 알바생보다 나았기 때문이다. 능력에 따른 경쟁이 없었더라면 그는 적합한 알바생을 찾기 어려웠을 것이다. 능력주의에 기반한 시장 덕분에 가게를 더 쉽게 운영할 수 있었다.

반대로, 이러한 경쟁만이 인간을 강하게 만든 것은 아니다. 경쟁과 동시에, 인간은 서로 협력하며 발전하였기 때문이다. 서로 간의 이해관계가 존재하는 사람들 간, 강한 자들 간의 협력을 한 사례도 무수히 많지만, 분명 약자를 도우며 협력한 사례도 매우 많다. 고대 로마 시대의 풍자 시인 푸블리우스 시루스(Publilius Syrus)가 "힘으로만 할 수 없는 것을 친절로 이룰 수 있다."[14]고 말한 것처럼, 인간은 약육강식의 논리만으로 성장해 오지 않았다.

이를테면 아무리 정훈이 경쟁을 통해 알바생들을 뽑는다고 하더라도, 그가 단순히 유진이를 돈을 주고 일을 시키는 존재로 본다면 곤란할 것이다. 유진이를 가게의 일원으로 생각해 주고, 그녀를 존중하며, 그녀와 깊은 차원의 협력을 도모할 때 사장 정훈의 치킨집도 나은 성과를 보일 수 있을 것이다.

능력주의와 협력주의, 우리는 둘 중 어느 가치관을 더욱 중시해야 할까?

능력주의는 옳은가?

능력주의(Meritocracy)라는 용어는 1950년대에 영국의 사회학자 마이클 영(Young, M)에 의해 처음 사용되었고, 가장 많은 재능을 가진 사람들이 가장 큰 보상을 받는 교육과 노동시장에서의 선택 과정을 묘사하기 위한 것이었다.[15] **경제적, 사회적 이점이 노력과 재능을 추적해야 한다는 원칙인 능력주의는 지난 반세기 동안 폭넓은 지지를 받아 왔다.**

지금까지도 많은 사람들이 더 나은 회사, 더 나은 사회, 그리고 더 나은 세계가 되기 위해서는 능력에 따라 인재를 뽑아야 한다고 믿는다. 능력에 따라서 줄을 세우는 것이 공평이자 공정이고, 윤리적으로 옳은 방법이라고 얘기한다.

이렇게 능력에 따라서 돈, 직위, 명예를 부여하는 원리를 능력주의, 영어로는 Meritocracy라고 부른다. Merit은 '~으로 먹고살다', '돈을 벌다'라는 뜻이고, cracy는 '강점', '힘'이라는 뜻이다. 다시 말해 Meritocracy는 능력 지상주의라는 뜻이다. 능력주의는 약육강식의 논리를 많은 부분 반영한다는 점에서 시장주의, 신자유주의, 자본주의의 성격을 닮았다. 모두 경쟁을 아름답다고 여기고, 이러한 경쟁이 더 나은 세상을 구축하는 데에 많은 부분을 이바지한다고 믿기 때문이다.

그렇다면 능력주의는 과연 옳을까?

이 질문에 답하기 전에 먼저 능력주의는 공정한가에 대해서 고찰해 보도록 하겠다.

한국에서 대학 간판은 어느 정도 성공의 기회가 주어지는 티켓과 같이 여겨진다. 스카이를 가느냐, 인서울*을 하느냐가 매우 중요하다. 이 때문에 고등학생들은 학교에서 열심히 공부하며 수시, 정시라는 입시를 통해 대학교에 가게 된다. 그래서 매번 학생들이 대입을 준비하는 기간이 되면 여러 사람들 사이에서 입시에 관한 뜨거운 논쟁이 붙었다. 항상 주요 논쟁은 "수시가 공평한가, 정시가 공평한가?", "정시와 수시 중 어느 비중을 늘려야 하는가?" 등으로 '공정성'에 관한 논쟁이다.

이 논쟁에 대한 여러분들의 의견이 어떠한지는 모르겠지만, 정시든 수시든 결국 부모의 소득이 높을수록 좋은 대학교에 진학할 확률이 높아진다는 사실은 변하지 않는다. 왜냐하면 상위 5위권 대학에 수시전형으로 입학한 학생들의 월평균 부모 소득은 737.9만 원, 정시전형으로 입학한 학생들은 693.3만 원으로 두 전형 간의 유의

---

* 서울 안에 있는 대학교.

미한 소득 차이는 없었기 때문이다. [16]

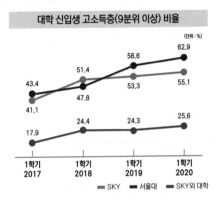

대학 신입생 고소득층(9분위 이상) 비율

(단위 : %)

43.4
41.1

51.4
47.8

58.6
53.3

62.9
55.1

17.9

24.4

24.3

25.6

1학기
2017

1학기
2018

1학기
2019

1학기
2020

■ SKY   ■ 서울대   ■ SKY외 대학

[대학 신입생 고소득층 비율]

또한, 소위 SKY에 진학한 학생 중 절반 이상은 9, 10분위로, 고소
득층이다. 2023년 기준으로, 9분위는 3인 가구 기준 약 900만 원, 4
인 가구 기준 약 1,000만 원을 넘어야 하며, 10분위는 3인 가구 기
준 약 1,300만 원, 4인 가구 기준 약 1,600만 원을 넘어야 한다. 다시
말해, 전형 간의 공정성을 떠나, 부모의 소득이 자녀의 명문대 진학
확률에 큰 영향을 미친다는 이야기이다.

부모의 소득이 높을수록 좋은 대학교에 진학할 확률이 높아진다
는 현실은 미국에서도 적용된다. 명문 대학교들을 일컫는 아이비
플러스(Ivy-Plus)에 진학한 학생의 소득을 파악해 본 결과, 전체 재

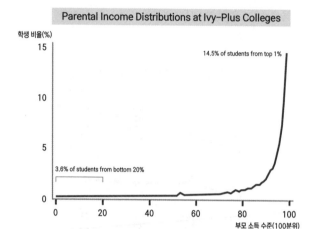

[미국 명문 대학 신입생 고소득층 비율]

학생 중 14.5%가 부모의 소득이 상위 1%였다. 반면, 전체 재학생 중 오직 3.8%만이 부모의 소득이 하위 20%였다.

결국 아이의 능력을 기르는 데에는 부모의 소득이 큰 영향을 미치는 것이 현실이다. 아이에게 지원을 많이 해 줄 수 있는 경제적 여력을 가진 부모일수록 자녀가 명문대에 진학할 확률이 높아지기 때문이다. 어쩌면, 부모의 경제력이 부족한 누군가에게 능력주의는 공정하지 않은 제도일 수 있다는 뜻이다. 애초에 누군가는 기울어진 운동장에서 명문대 입시라는 경기를 치르는 것이니까.

『정의란 무엇인가(What is Justice)』의 저자 마이클 샌델(Michael J. Sandel)에 따르면, 미국의 1940년대 생들은 자신의 부모보다 잘

살 수 있다는 믿음을 10명 중 9명이 가지고 있었다고 한다. 하지만 1980년대 생들은 그러한 믿음을 10명 중 5명만이 가지고 있었다고 한다. 또한, 그의 책『공정하다는 착각(The Tyranny of Merit)』에서 "능력주의는 불평등에 대한 해결책이 아니다. 그것은 불평등을 정당화하는 수단이다."라고 밝혔다. 더불어, 서울연구원이 발표한 「장벽 사회, 청년 불평등의 특성과 과제」 연구에 따르면, 경제 활동을 하는 20대 청년 약 70%는 부모보다 사회 경제적 지위가 낮아진 것으로 확인되었다.

대한민국을 비롯한 세계 주요 국가들이 명목적으로는 능력주의를 표방하고 있지만, 실질적으로 기회의 평등을 잃어버린 현재 상황에서 능력주의는 결격 사유가 적지 않다. 시스템과 체계가 갖춰짐에 따라서, 점차 저소득층이 출세할 수 있는 확률도 줄어들었기 때문이다.

그럼 능력주의라는 개념은 왜 지금처럼 혁신의 물결로 격변하는 시기에 더욱 대두된 것일까?

『엘리트 세습(Meritocracy trap)』의 저자 데니얼 마크로비치(Daniel Markovits)에 따르면, 1950~60년대까지만 해도 미국의 CEO들, 예일대 및 하버드대 학생들은 그리 똑똑하지 않았다고 한다. 단지 가문 때문에 부모님의 학교를 나오거나, 대를 잇기 위해 CEO를 맡았던 것이다. 즉, 당시 미국 사회의 엘리트들이 그리 총명하지 않았다는 것이다. 이 때문에 엘리트들은 많은 일을 하지 않고 일반 직원들에게 업무를 분담했으며, 이는 중산층이 사회 내에서 주축을 이루는 원인이 되었다고 말한다. 당시의 사회에서 주축은 '엘리트'가 아니라 '중산층'이었던 것이다. 하지만 현대에 들어와 능력 지상주의가 되면서 미국의 엘리트들은 더 이상 바보가 아니었다. 엘리트들이 더 많은 업무를 분담하기 시작한 것이다. 이에 따라 중산층들은 업무가 적어지니 사회 내에서 힘을 잃었고, 엘리트들은 더 많은 업무를 하면서 더 많은 자본과 돈을 가져가게 된다. 그리고 이러한 현상은 능력 지상주의 사회인 한국에서도 발견할 수 있다. 엘리트들이 더 똑똑해지면서 효율적 시스템들을 도입했고, 이는 중산층의 실업과 임금 하락으로 이어졌다. 능력주의 사회에서의 주축은 '중산층'이 아니라, '엘리트'가 된 것이다.[17]

물론 능력주의 때문에 온전히 이러한 사회가 이루어졌다고 단언할 수는 없다. 현대 사회의 혁신과 발전도 큰 몫을 했다. 우리는 10명이 할 일을 1명이 할 수 있을 때 혁신이라고 말한다. 혁신이 일어나면서 편리해졌지만, 1명의 엘리트를 제외한 중산층 9명은 일을 잃었다. 반면 노동 생산력이 있는 1명의 엘리트는 9명이 가져갈 돈을 다 가져갔다. 다시 말해, 3차 산업혁명, 4차 산업혁명을 거듭하며 시대의 흐름에 맞게 엘리트의 사회적 역할이 넓어졌다는 뜻이다. 현재는 많은 국가에서 중산층이 몰락함에 따라 하류층과의 경계가 좁아지고 있다. 반면 상류층과의 경계는 벌어지고 있다.

능력주의가 최근 들어 더 많이 회자되고 있는 이유는 현재 많은 사람들이 경쟁에 지쳐 있다는 뜻일 수 있다. 어떻게 보면 최근 전 세계가 발전, 경쟁에 지나치게 초점을 맞췄다는 것은, 많은 국가가 '후기질서'에 놓여 있을 수 있다는 이야기이기도 한다.

이런 상황에서 능력주의의 승자인 엘리트 계층은 행복할까? 물론 그들이 사회의 자본과 돈을 다 가져가긴 하였지만, 그들의 운명은 죽을 때까지 끊임없이 본인을 착취하며 개발시켜야 하는 것이다. 현 시대에서 부모가 자녀에게 남겨 주는 유산 중 돈과 자본, 건물보다 인적자원의 중요성이 크다. 예전 같았으면 공부 안 하고 놀고먹어도 부모의 자본으로 인생을 살아갈 수 있었지만 지금은 다르다. 사람들은 이제 돈이 많아도 능력과 학력이 없으면 약간은 우습게 보는 경향이 존재한다. 4차 산업혁명으로 더 고차원적인 지식과 개념을 탑재해야 일을 할 수 있는 현실은 엘리트 계층에게만 주어진 기회일 수도 있지만, 동시에 자기 계발의 늪에서 빠져나올 수 없는 운명처럼 느껴지기도 한다.

다소 능력주의의 결함을 지적하며 비판하는 것 같은데, 능력주의 순기능도 매우 많다. 경쟁이 없었더라면 인간은 이곳까지 도달하지 못하였을 것이다. 집에서 넷플릭스*로 다양한 콘텐츠를 보며 SNS로 쉽게 친구와 연락하는 삶도 꿈꾸지 못했을 것이다. 다만, 더 나은 가치관과 철학의 구현을 위해 지금 상태의 한계점을 파악할 필요성은 있다.

협력주의는 옳은가?

이스라엘의 역사학자 유발 하라리(Yuval Noah Harari)는 전 세계 천만 부 이상 팔린 그의 책『사피엔스(Sapiens)』에서 다음과 같은 인상적인 문구를 남겼다.

> "허구 덕분에 우리는 단순한 상상을 넘어서 집단적으로 상상할 수 있게 되었다. 그런 신화들 덕분에 사피엔스는 많은 숫자가 모여 유연하게 협력하는 유례없는 능력을 가질 수 있었다."

인간을 협력하게 만든 인지혁명 덕분에 인간은 최상위 포식자가 되었다. 여기서 인지혁명이란 약 7만 년 전부터 3만 년 전 사이에

---

* Netflix로, 인터넷의 Net과 영화의 Flicks를 합성한 이름의 스트리밍 엔터테인먼트 기업이다.

출현한 새로운 사고방식과 의사소통 방식을 말한다.

협력이라는 개념은 넓고 포괄적이지만, 분명 협력이라는 요소가 인간의 엄청난 발전을 이끌었다는 사실은 변하지 않는다. 협력의 개념은 강자들끼리의 협동, 이해관계자들 간의 협동, 약자에 대한 도움과 배려 등 다양한 의미를 아우른다.

학계에서는 협력주의라는 용어에 대해 명확한 개념의 정의가 없다. 따라서 **본 책에서 이야기하는 협력주의에 대해서 다음과 같이 정의하겠다. 약육강식의 논리로 자원의 배분이 결정되는 체제보다는 약자가 경쟁에서 도태되지 않도록 자원이 배분되는 체제.** 즉, 본 책에서 정의하는 협력주의는 약자들의 생계를 보장해 준다는 점에서 발전보다는 분배의 가치를 중시한다. 따라서 경제적 불평등에 반대하는 사회주의와도 비슷한 면이 있다.

능력주의라는 개념의 완벽한 대척점에 있지는 않지만, 성질이 다소 대립되는 **협력주의, 이 철학과 가치관은 과연 옳은 것일까?**

천재 정치철학자 존 롤스(John Rawls)는 그의 저서『정의론(A Theory of Justice)』에서 무지의 베일(The veil of ignorance)의 논리에 따라, 사회의 약자와 취약 계층을 배려하는 것이 필요하다고 여겼다. 여기서 무지의 베일이란, 자신의 위치나 입장에 대해 전혀 모르는 상태를 의미한다. 일반적인 상황은 모두 알고 있지만 자신의 출신 배경, 가족 관계, 사회적 위치, 재산 상태 등에 대해서는 알지 못한다는 가정이다. 자신의 이익에 맞춰 선택하는 것을 막기 위한 장치이다. 이를 통해 사회 전체의 이익을 위한 정의의 원칙을 찾아낼 수 있게 된다는 이론이다.

존 롤스의 이론과 같이, 협력주의의 목적도 개인의 출발점에 관계없이 모든 개인에게 동등한 기회를 제공하기 위함이다. 협력주의 사회는 약자의 필요성을 인식함으로써 모든 사람이 성공할 기회를 가질 수 있는 환경을 만들려고 한다. 이 때문에 사회적 약자들과 더불어 사회 구성원들은 해당 사회에 대한 믿음이 생긴다. 내가 지금 불우해도 성공할 수 있다는 희망에 대한 믿음 말이다. 그리고 이러한 희망과 믿음은 전반적인 행복, 생산성 및 진보를 촉진한다.

그러나 지나친 협력주의와 약자에 대한 배려는 다음과 같은 필연적인 문제를 가져온다. 도움이 필요한 사람들을 지원하는 것은 중요하지만, 약자에 대한 과도한 배려로 인해서 개인의 노력과 기여가 무시되는 사회가 된다면, 개인은 자신들의 능력을 높이거나 최선을 다하지 않을 확률이 높다. 사람들이 노력을 해도 적정한 보상받지 못할 것이라는 사실을 알기 때문이다. 즉, 비효율성이 발생하는 것이다. 이로 인해 전반적인 생산성과 혁신이 저해되어 개발 속도가 느려질 수 있다. 더불어, 스스로를 먹여 살리기 위해 열심히 살아야 한다는 개인의 책임이 약화됨에 따라서, 사회는 발전하지 않고 도리어 퇴보할 수 있다. 또한 지나친 협력과 약자에 대한 배려는 균등한 분배에 과도하게 집중할 수 있기 때문에, 때때로 개성과 다양한 관점을 억압하는 획일성을 초래할 수 있다.

이러한 특징이 두드러지는 군대, 사회주의 및 공산주의 국가를 보면, 협력주의의 한계가 더욱 드러난다. 개인의 성취보다 균등한 분배, 약자에 대한 배려, 협력을 우선시하는 체제와 사회의 필연적인 한계에 대해서 말이다.

아마 군대를 다녀온 대한민국 성인 남성이라면, 군대 문화와 체제에 대한 문제점을 뜨겁게 공감할 것이다. 다들 군대에 가서 되도록이면 힘든 일, 고달픈 일을 하지 않으려고 한다. 어차피 받는 월급은 동일하기 때문이다. 물론 이러한 현상은 능력주의 사회에서도 드러나긴 하지만, 능력주의 아래에서는 본인의 능력을 끊임없이 갈고닦아야 먹고살 수 있기 때문에 스스로 힘들고 고달픈 일을 자처하고자 하는 동기 부여 요인이 사회주의나 공산주의보다는 더 크다. 즉, 장기적으로 더 나은 삶을 영위하기 위한 사회 구성원들의 선의의 경쟁이 경제가 발전할 수 있는 환경이 마련되는 것이다.

더불어 군대처럼 분배가 지나치게 강조되는 협력주의 사회는 또 하나의 필연적인 문제점에 부딪힐 수밖에 없다. 바로 누구에게, 얼마만큼, 어떻게 분배하는지를 결정하는 사람에게 과도한 권력이 주어진다는 것이다. 따라서 그 사람이 나쁜 마음을 먹고 불공정하게 분배를 하여도, 누구도 이에 반기를 들 수 없다. 아무리 능력이 뛰어나고 옳은 말을 해도, 받아들이는 것은 리더 나름이므로, 자칫하면 본인의 생계가 위험해질 수 있기 때문이다.[18] 그도 그럴 게『오자병법』에 따르면 "유능한 적군보다 무능한 아군 간부가 더 무섭다."고 하였다.

능력주의 사회도 마찬가지이지만, 협력주의 사회에서는 분배를 결정하는 권력자의 힘이 막강하기 때문에 더욱 리더의 자질과 윤리 의식이 중요하다. 능력에 따라서 권력의 위계질서가 바뀌지 않을 확률이 높으므로, 무능력한 리더라고 하더라도 오래 그 자리에 머무를 확률이 높다. 즉, 분배를 결정하는 권력자들이 부패할 확률이 높다는 이야기이기도 한다. 역사적으로 극단적인 사회주의, 공산주의 국가가 멸망한 이유이다.

독일의 철학자 막스 베버(Max Weber)는 이렇게 말했다.

"책임과 권위는 동전의 양면과 같다. 권위가 없는 책임이란 있을 수 없으며 책임이 따르지 않는 권위도 있을 수 없다." 그러나 지나치게 협력주의, 약자에 대한 배려, 분배를 강조하게 되면, 해당 사회는 분배를 결정하는 리더의 자질을 능력에 따라 평가할 수 없게 되고, 리더의 책임에 대한 개인의 비판적 사고와 의식도 저하된다. 다시 말해, 해당 사회의 구성원들은 그 리더에 대한 권위와 책임을 정당하게 감시하고 평가하지 못할 확률이 높다. 모두가 가라앉을 수도 있다는 이야기이다.

능력주의 VS 협력주의, 그리고 최저임금제

지금까지 능력주의와 협력주의에 대해 알아보았다. 어느 쪽에 더 마음이 가는가?

사실 정답은 없다. 양자택일을 할 수도 없다. 인간의 발전에는 두 가치 모두 중요했기 때문이다. 예컨대, 인간이 다른 동물들보다 더 나아지려고 경쟁하지 않았더라면, 장애인, 아동, 노인, 빈민층 등 사회적 약자를 존중하지 않았더라면, 우리는 지금 다른 동물들과 다를 바가 없었을 것이다.

능력주의는 개인의 재능, 노력, 그리고 기여를 바탕으로 개인을 인정하고 보상하며, 그에 따라 혁신, 노력, 건전한 경쟁을 장려한다. 능력주의는 뛰어난 능력을 가진 사람들이 다양한 분야에서 혁신을 이끌 수 있도록 촉진한다. 사장 정훈이 치킨집 경영을 잘한다면, 능력주의에 기반한 시장은 그가 그만큼의 결실을 맺을 수 있게 도울 것이다.

한편으로, 협력주의는 약자의 배려에 대한 공감과 사회적 책임감을 반영한다. 이는 모든 개인이 동등한 출발선에서 경쟁을 시작하지 않는다는 현실을 인식하는 것이며, 모든 사회 구성원들에게 공정한 기회가 주어질 수 있다는 믿음과 희망을 심어 준다. 만약 사장 정훈의 치킨집이 단지 규모가 작다는 이유로, 치킨 프랜차이즈에게

악의적인 덤핑*을 당한다면 그것은 불합리한 일일 것이다. 협력주의를 바탕으로 하는 사회 정책들은 이런 문제점들을 예방하고 해결해 주는 역할을 한다.

사회적 맥락은 변화하고, 과거에 적합했을 수도 있는 균형과 조화가 오늘날에는 다를 수 있다. 따라서 현재의 상황 및 사회적 가치를 지속적으로 재평가하는 것이 중요하며, 그에 따라 능력주의와 협력주의를 비롯한 그 모든 가치 중 어느 것을 더 반영해야 되는지 고민해 봐야 한다. 즉, 인간의 역사 속에서도 확인할 수 있듯이, 앞으로도 인간은 능력주의와 협력주의라는 두 가지 축을 모두 고려하면서 균형 잡힌 틀을 구축해야 한다.

최저임금제를 포함한 모든 사회 정책들도 마찬가지이다. 빅사이클에 따라서, 지금의 상황은 어떠한지, 사회적 맥락은 어떠한지, 어느 가치가 더 반영되어야 하는지, 지속적으로 평가하며 균형을 조절해야 한다.

이를테면, 적극적으로 재분배 정책을 실행하게 됨에 따라 당장 빈부격차는 줄어들 수 있지만, 장기적으로 서로 간의 경쟁의식이 사라져 혁신과 발전이 뒷걸음칠 수 있다. 반대로, 너무 경쟁의식만 장려하는 사회라면, 당장 발전과 혁신의 속도는 빠를 수 있지만, 장기적으로 빈부격차가 커질 수 있고, 그에 따라서 사회에 대한 믿음

---

* 헐값에 상품을 파는 일.

과 희망이 사라졌다고 느끼는 사람들이 많아질 수 있다.

능력주의와 협력주의 중, 어느 한쪽 측면만 너무 강조한다면, 우리 사회는 발전할 수 없다. 유진과 사장 정훈 양측 모두 정당한 경쟁으로 이익을 보고, 행여 그 경쟁에서 뒤쳐진다고 해서 버림받지 않는 사회를 건설해야 한다. 최저임금 정책 또한 모두가 공존할 수 있는 방향으로 나아가는 것이 바람직하다.

요점 정리

Part 4에서는 최저임금제를 넘어서 우리가 고민해 봐야 될 사항들에 대해 알아보았다.

첫 번째 챕터에서는 차등 최저임금제에 대하여 논의하였다. 이 논의의 본질은 가계와 기업, 경영계와 노동계, 성장과 분배 중 어느 측면을 우선할 것인지에 관한 이야기였다. 또한 알바생 유진과 사장 정훈의 어려움은 한국 경제의 구조적 문제에서 비롯된 것이기 때문에, 궁극적으로 경쟁력을 강화하기 위해서는 차등 최저임금제보다 다른 전략이 더 효과적일 수 있다는 것을 파악하였다.

두 번째 챕터에서는 4차 산업혁명 시대에서는 노동의 형태가 일관적이지 않으므로, 직업의 형태에 국한되지 않는 해결법이 필요하다고 하였다. 이를테면 유진이는 치킨집에서 근로 계약서에 따라 고용된 알바생으로 일할 수도 있으나, 온라인에서 그림을 그려 주는 프리랜서를 해 볼 수도 있다. 사장 정훈도 단지 사장님이라는 이유로 최저 생계를 보장받지 못한다면 그것도 문제이다. 따라서 최저임금제와 같이 역소득세, 근로장려세제, 기본소득제, 보편적 복지책 등 다양한 방법이 존재하므로, 열악한 계층이 사각지대에서 벗어날 수 있도록 다각도의 정책적인 접근이 필요하다고 하였다.

마지막 챕터에서는 능력주의와 협력주의를 다루어 보았으며, 두 가치 모두 인간의 발전에 있어서 필수 불가결적인 존재였다. 그러므로 우리는 능력주의와 협력주의의 가치를 모두 인정함과 동시에, 변화하는 세상에 따른 가치의 변화에 대해서 지속적인 평가를 해야 하며, 능력주의와 협력주의라는 두 가지 축을 모두 고려하면서 균형을 설정해야 한다고 했다. 최저임금 정책도 마찬가지이다. 유진과 사장 정훈 양측 모두 정당한 경쟁으로 이익을 보고, 행여 그 경쟁에서 뒤처진다고 해서 버림받지 않는 사회를 건설해야 한다.

이렇게 마지막 파트가 끝났다. 지금까지 정말 많은 이야기들이 오고 갔다.

최저임금 전쟁은 유진, 정훈, 그리고 우리 모두가 먹고사는 문제이기 때문에, 경제와 사회, 그리고 정치가 서로 밀접하게 연관되어 있다는 것을 확인했다. 따라서 최저임금 전쟁을 이해하고자 경제학적 이론과 시장의 원리를 이해했다.

또한, 이 전쟁의 시발점이 된 문재인 정부의 최저임금 정책을 평가해 보았다. 그 과정에서 유진과 정훈의 이야기를 들어 보기도 했다. 결국 유진과 정훈 간의 상반된 입장과 어려움, 즉 '최저임금 전쟁'은 한국 경제의 구조적 문제에서 기인한 것이었고, 저소득층 간의 제로섬(zero-sum) 게임이 펼쳐지고 있었다.

이를 해결하고자 빅사이클상 한국의 위치를 파악해 보며, 구체적인 진단을 통해 길 잃은, 딜레마에 빠진 최저임금 전쟁에 해답을 제시하였다. 해답은 '전쟁을 해결하기 위해서는 단순 최저임금제 하나만으로 부족하므로, 다른 재분배 정책의 개입이 필요하다.'는 것이었다.

마지막으로는 최저임금제를 넘어서 우리가 고민해 봐야 될 사항들에 대해 알아보았다.

그러나 사실 우리의 삶은 이번 파트에서 논의했던 사항, 그리고 이 책의 주제인 최저임금 전쟁을 넘어서, 이 세상에 존재하는 문제들은 너무나 많다. 최저임금 전쟁은 수많은 문제 중 하나로 여겨질 뿐이다.

최저임금 전쟁 외에도 우크라이나와 러시아 전쟁, 미중 패권 경쟁, 촉법 소년 등 사회 안전과 범죄 대응 문제, 북한 등 핵무기와 군비 경쟁 문제, 환경 파괴 문제, 브렉시트와 영국-EU 관계 문제, 기후 변화 문제, 자원 고갈 문제, 물 부족 문제, 인구 증가 문제, 환경 파괴 문제, 에너지 고갈 문제, 식량 부족 문제, 대기와 토양 및 수질 문제, 생태계 파괴 문제, 유전자 조작과 바이오테크놀로지 문제, 과학기술 발전에 따른 새로운 질서 수립에 대한 문제, 인공지능과 자동화 사이버 공격과 사이버 보안 문제, 국제 이주와 난민 문제, 정치적 불안정성, 건강보험과 의료비 문제, 의료 혁신과 바이러스 팬데믹 등 건강 문제, 교육 문제, 사회 불평등 빈곤과 경제 불균형 문제, 성별에 따른 차별 및 인종 차별 문제, 동물 권리 문제, 지속 가능한 에너지 문제 등 세상 엔 아직 남은 도전 거리가 많다.

20세기의 가장 위대한 철학자인 칼 포퍼(Karl Popper)의 『삶은 문제해결의 연속이다(All Life is Problem Solving)』 책 이름에서 확인할 수 있듯, 우리가 앞으로 맞이해야 될 문제는 무궁무진하다. 계속해서 문제를 맞이하고 해결해야 하는 것이 인간의 숙명이다. 때로는 내가, 우리 가족이, 우리 지역이, 대한민국이, 아시아가, 전 세계가, 우리의 지구가 이 모든 문제들을 잘 이겨 낼 수 있을지 두려움이 들기도 한다.

질문은 이것이다. 우리는 최저임금 딜레마를 비롯한 그 모든 형태의 문제에서 무엇을 향해 나아가야 할까?

"삶은 문제해결의 연속이다."

- 칼 포퍼 -

"우리는 무엇을 향해 나아가야 하는가?"

"인류는 여지껏 불가능을 극복하는 능력으로 스스로를 정의했다." 이는 크리스토퍼 놀란(Christopher Nolan) 감독의 영화〈인터스텔라(Interstellar)〉중 주인공 쿠퍼(Cooper)가 한 말이다. 환경오염으로 죽어 가는 지구로부터 인류를 구하기 위해 거주 가능한 새로운 행성을 찾으러 떠나는 임무에 참여 여부를 결정하면서, 그의 딸 머피에게 한계를 극복하려는 인류의 내재적인 추진력에 대한 자신의 신념을 표현한 것이다. [1]

쿠퍼의 신념은 도전에 직면한 인간의 오뚝이 같은 회복력을 나타낸다. 이 능력은 도달할 수 없는 것에 대한 인간의 고집이자, 우리의 존엄성, 존재, 그리고 정체성을 정의한다. 즉, 우리의 가치는 장애물에 의해 결정되는 것이 아니라, 장애물을 넘어서려는 우리의 필사적인 의지에 의해 결정된다는 것을 뜻한다. 불가능을 극복하려는 필사적인 투지는 인간, 우리, 그리고 나 그 자체이다. 여지껏 우리 모두가 역경을 성장의 기회로 간주하였기 때문이다.

나는 이러한 인간의 문제 해결 능력을 믿으며, 이 유일무이한 능력이 '딜레마에 빠진 최저임금 전쟁'과 같이 우리를 옥죄는 문제들을 해결할 수 있을 것이라 믿는다. 따라서 **우리가 불가능, 불가항력에 맞서 싸우며 문제 해결을 향해 나아간다면, 최저임금 딜레마를 비롯한 그 모든 형태의 문제에서 늘 해결책을 찾을 수 있을 것이다. 어떻게든 문제를 해결해 나가는 것이 우리의 존재, 존엄성, 정체성이자, 그 자체이니까.**

그렇다면 문제를 슬기롭게 해결하기 위해서는 어떻게 해야 할까? 개인적으로 생각하는 6가지 원칙을 공유해 보겠다.

첫째,
문제를 보면 문제라고 인식해야 한다.

우선 특정 상황, 현실, 조건 등이 문제라고 인식해야 문제 해결을 위한 동기 부여로 이어진다. 만약 문제를 마주하고도 문제라고 인식하지 못한다면, 문제는 절대 해결되지 않을 것이다.

실제로 기업의 경우, 문제 인식 역량이 높은 기업일수록 문제 해결 역량이 높다. 따라서 기업의 지속 성장과 장기적 생존을 위해서는 많은 사람들이 겪는 공통적이고 보편적인 문제를 파악하고, 해

당 문제가 얼마나 사람들의 불편을 초래하며, 사회적으로 폐해를 발생시키는지 면밀히 분석해야 한다.[2]

인간 사회도 마찬가지이다. 때로는 무지보다 무시가 더 무섭다. 마약이나 도박에 미쳐 있는 사람을 보고도 어느 누군가도 문제라고 인식하지 못한다면, 그 사람은 자기 파멸의 길을 걸을 것이다. 즉, 많은 사람들이 문제를 보고도 문제라고 인식하지 못한다면, 혹은 문제라는 것을 인식하였음에도 불구하고 그것을 방치한다면, 우리의 세상 또한 마약이나 도박에 빠져 위태롭게 삶을 연명하는 것과 다를 것이 없다.

둘째,
맞이한 문제를 분명히 해야 한다.

특정 문제가 군더더기에 둘러싸인다면 그 문제의 개념과 본질을 파악하기 힘들어지고, 이에 따라서 문제 해결의 속도도 지체된다. 특히 몇몇 개인이나 집단의 감언이설, 달콤한 말, 부화뇌동을 조심해야 한다. 이러한 행위에 의해서 우리가 문제의 본질을 파악하지 못한다면 정작 해결해야 될 문제를 명확히 맞이하지 못한다.

최저임금 전쟁이 딜레마에 빠진 이유도 맞이한 문제를 분명히 하지 못한 측면이 있었기 때문이다. 실제로 여러 매체들을 보면, 최저임금을 받고 살아가는 사람들, 또 그런 사람들을 고용하는 중소기업과 자영업자는 서로의 탐욕과 최저임금제만을 문제 삼는 경향이 있다. 사실 이들은 애먼 데 분풀이를 하고 있는데도, 꽤 상당수가 둘 중 누군가는 욕심을 줄여야지만, 최저임금제가 바뀌어야지만, 해결될 것 같은 전쟁처럼 보곤 한다. 이렇게 맞이한 문제를 분명히 하지 않으면 우리 모두를 위한 실질적인 논의를 할 수 없다.

셋째,
문제 해결 방법은 최대한 직선적이고 단순하게 설계해야 한다.

해결 방법이 단순하고 직선적일수록 이해가 쉽고 명확해지며, 더 빠르게 정책화될 수 있다. 만약 해결 방법이 너무 복잡하다면 정책 입안자들은 물론, 많은 대중은 해당 방법에 대해 혼란과 피로를 느낄 것이고, 이는 사회적 비용과 비효율성을 초래한다. 정책도 늦게 시행되고, 정책을 실제로 집행하는 공무원과 더불어 대중들도 해결 방법에 대한 이해도가 낮은데 효율적일 리가 없다.

문제 해결 방법의 단순함과 직선적인 설계의 유용성은 노벨경제학자인 리처드 탈러(Richard H. Thaler)와 선스타인(Cass R. Sunstein)의 저서 『넛지(Nudge)』에서도 확인할 수 있다. 우선 넛지란 '타인의 선택을 유도하는 부드러운 개입'이다. 예컨대, 남자 화장실 소변기 정 가운데에 곤충 파리를 붙여 놓는다면, 자연스럽게 그 방향으로 남성들이 소변을 보게 되고, 자연스럽게 화장실이 더러워지지 않도록 한다. 이처럼 『넛지』는 현대 사회의 복잡성 속에서 삶을 개선하는 방향으로 단순한 넛지를 통해 문제 해결을 해야 한다고 주장한다. 다시 말해, 넛지와 같은 간단한 개입을 통해 해결 방법의 효율성과 명확성을 높여야 한다는 이야기이다. 핵심은 단순함과 직선적인 해결 방안의 설계이다.[3]

**넷째,
갈등을 두려워하지 않아야 하며,
정부는 실리적인 갈등 환경을 조성해야 한다.**

갈등은 사회 분쟁적 요소이기도 하지만, 동시에 서로의 주장과 논리를 더욱 강하게 만드는 원동력이다. 서로의 논리의 허점을 지적하며 더욱 첨예한 의견을 만들도록 한다. 논쟁과 갈등은 단순히 소란거리가 아니라 더욱 합리적인 방안에 이를 수 있게 만드는 과정이다. 다만 감정적인 갈등만 격화되고, 실리적이지 않고, 생산성이 떨어지는 갈등은 경계해야 함과 동시에 두려워해야 한다. 그것이 자칫 되돌릴 수 없는 전쟁과 같은 재앙으로 이어질 수 있기 때문이다.

따라서 정부는 실리적인 갈등과 논쟁이 진행될 수 있도록 환경을 조성해야 한다고 생각한다. 사회적 문제를 개인과 개별 주체 단위에서 해결하기에는 무리가 있기 때문이다. 실제로 최저임금 전쟁에 대한 경제주체의 입장, 즉 노동자와 사용자 간의 상충된 이해관계로 인해서 많은 갈등에도 불구하고 적절한 합의에 도달하지 못했다. 이러한 이유로 정부는 서로의 이해관계를 조정하고 타협할 수 있도록 중재자로서의 역할을 수행해야 한다고 판단한다. 특히 각 개별 주체가 상호 이익과 공존을 위한 방안에 대해 고민할 수 있도록, 빅사이클에 따른 정부의 정책 목표를 명확히 제시하여, 논의의 핵심을 이해할 수 있도록 안내하고 중재하는 것이 정부의 역할이라고 생각한다. 즉, 정부는 특정 정책의 목표 달성을 돕기 위한 안내자이자 중재자로서 자신의 책무를 수행해야 한다.

다섯째,
우리는 끊임없이 더 나은 내일을 위해 고민해야 한다.

인류 역사에 획을 그은 그리스의 철학자 플라톤(Plato)은 "필요는 발명의 어머니다."라고 하였다. 즉, 발명과 혁신은 현 상태에 대해서 만족하지 못하고 더 나은 상황이 필요하다고 느낄 때 도래한다는 이야기이다. 우리가 무엇을 필요하다고 느끼고, 그것이 실현될 수 있도록 옷도 제대로 갖춰 입지 않으며 땅바닥에 앉아 서로 머리를 맞대고 고민했던 원시 시대의 투철한 행위는, 인간이 방대한 황무지의 땅에서 초고층 빌딩들과 혁신으로 가득 찬 초월적인 세계를 만들 수 있었던 강력한 힘이었다.

더 나은 내일을 만들겠다는 인간의 '필요', 그리고 이를 실현하기 위한 우리의 필사적인 고민과 불굴의 의지는 무한한 잠재력의 원석에서 경이로운 걸작을 조각하였고, 혁신의 색깔로 지구를 물들였다. 따라서 앞의 원칙들을 바탕으로 우리는 무엇이 더 나은 미래를 만드는지, 더 나은 세상을 이끄는지, 더 건강한 생태계와 지구를 만드는지, 더 많은 사람들의 이익을 증진시키는지, 더 효율적이고 좋은 길인지, 더 나은 삶을 만드는지, 더 나은 내일을 만드는지, 필사적으로 꿈꾸고 고민하고 생각해야 한다.

마지막으로,
우리는 서로의 가치를 존중해야 하고,
균형을 향해 끊임없이 나아가야 한다.

사회적 맥락은 끊임없이 변화하고, 그에 따라서 그 모든 문제도 새롭게 재편되고 바뀐다. 지금 우리가 맞이하고 있는 문제들 이외에도, 우리가 앞으로 맞이해야 될 문제는 무궁무진하다. 계속해서 문제를 맞이하고 해결해야 하는 것이 인간의 숙명이다. Part 3에서 이야기했던 최저임금 딜레마에 대한 최선의 해결책이 나중에는 무용지물이 될 수 있다. 세상은 변하니까.

어쩌면 그 모든 것들이 변화할 수 있다는 것은, 지금의 해결책이 나중에는 무용지물이 될 수 있다는 것은, 최저임금 딜레마를 비롯한 그 모든 형태의 문제는 끝날 수 없다는 것을 의미한다.

다만 지속적으로 격동하는 문제투성이의 세계 속에서 더 나은 내일을 꿈꾸지 못하고, 균형의 중요성을 파악하지 못하고, 서로의 가치를 존중하지 못한다면, '최저임금 딜레마'를 비롯한 그 모든 형태의 문제는 또다시 길을 잃을 수밖에 없다. 미래를 꿈꾸지 못하고, 서로를 이해하지 못하는데, 가장 이상적인 균형에 대한 고민이 이루어질 리가 없다. 문제 해결의 갈피가 잡힐 리 없다. 길을 잃을 수밖에 없다. 해결책이 나올 수 없다. 딜레마에 빠질 수밖에 없다.

물론 더 나은 내일을 꿈꾸고 고민하는 과정에서, 우리는 분명 누구나 다 할 수 있는 자그마한 일조차 실패할 수도 있고, 내가 사랑하는 모든 것들이 아무것도 아니었음을 느낄 수도 있고, 특별하다고 믿었던 모든 것들이 허무하게도 너무나 보잘것없이 평범했다고 느낄 수도 있고, 모든 일이 나만 이렇게 안 풀리나 싶어서 절망의 눈물을 흘릴 수도 있고, 때로는 내가 지금 감당하고 있는 모든 것을 포기해 버리고 싶을 정도로 힘들 때도 분명 있을 것이다. 그러나 어느 누가 처음부터 완벽과 이상에 가까운 결과물을 내놓겠는가. 비가 내린 후, 성장의 씨앗이 안착할 수 있는 토대가 더욱 단단해지듯이, 우리를 절망시켰던 모든 고통과 시련들이 결국 우리를 단단하게 만드는 요인이었을 것이다.

잠시 여러분의 어깨에 짊어진 무거운 고뇌와 책임감을 내려놓아도 좋다. 잠시 한숨 돌리고 쉬어도 좋다. 잠시 피로에 지친 일상을 떠나도 좋다. 잠시 위로와 절망의 눈물을 마음껏 흘려도 좋다. 그것 또한 인간, 우리, 그리고 나 그 자체이니까.

하지만 언젠가는 꼭 다시 돌아오길 빌겠다. 다시 오뚝이 같은 회복력으로 굳은 두 다리를 세상에 뿌리내리길 빌겠다. 다시 필사적으로 고민하고 고뇌하길 빌겠다. 다시 더 나은 내일을 향해 꿈꾸길 빌겠다. 다시 당신의 한 발짝이 꿈과 희망의 세상에 내디딜 수 있길 간절히 무릎 꿇고 빌겠다. 우리의 가치는 한계와 장애물에 의해 결정되는 것이 아니라, 장애물을 넘어서려는 필사적인 투지와 용기에 의해 결정되는 것이니까.

우리 사회는 위대한 기술 발전과 번영으로 가득 차 있지만, 정작 우리가 믿어야 할 것은 우리가 이루어 낸 복지 시스템, 경제 및 금융 체제, 4차 산업혁명으로 거룩한 과학기술이 아니다. 그보다는 '서로에 대한 이해와 존중, 그리고 더 나은 내일을 향해 필사적으로 균형을 찾고자 하는 우리의 태도'를 절실히 믿어야 한다.

우리의 그 태도가 어쩌면, 최저임금 전쟁을 이길 수 있는 유일한 저력이자 희망이라고 믿는다.

당신의 그 태도가 어쩌면, 최저임금 딜레마를 해결할 수 있는 마지막 희망이다.

참고문헌

Part. 1

■ 후주

1. Marx, k. (1859), 『A Contribution to the Critique of Political Economy』.
2. 강원택, (2005), 「한국의 이념 갈등과 진보·보수의 경계」, 한국정당학회보, 4(2), 193-217.

■ 자료

[미국 법인세율 추이](https://ko.tradingeconomics.com/united-states/corporate-tax-rate).

[진보/보수 최저임금 인상률 비교] "www.index.go.kr/unity/potal/main/EachDtlPageDetail.do?idx_cd=1492"와 "www.index.go.kr/unify/idx-info.do?idxCd=5058"를 참조했다.

■ 참고문헌

Adam Smith, (2007), 『국부론』, 김수행 역, 비봉출판사.

Part. 2

■ 후주

1. 백대우, (2018), 「문재인 정부의 소득주도성장론: 실태 연구 및 그에 대한 정

책적 보완 방안 제시」, 2018년 한국정치커뮤니케이션학회 하반기 정기학술
대회, 17-19.

2. 황선자 & 이철, (2011),「분배의 위기와 대안적 임금전략: 임금주도 성장전
략을 중심으로」, 한국노총 중앙연구원.

3. 이상헌, (2014),「소득주도성장: 이론적 가능성과 정책적 함의. 사회경제평
론」, 43, 67-99.

4. 홍민기, (2022),「노동시장 수요독점력 측정」, 경제발전연구, 28(3), 1-27.

5. Borjas, George J, (2015),『Labor economics 7th Edition』, McGraw Hill, 특
정 노동시장의 노동공급 및 수요의 탄력성을 추정하는 일은 매우 어렵다.
그래도 여러 선행 연구들에 따르면, 전 세계적인 평균을 기준으로 하였을
때, 대체로 남성 근로자의 노동공급 탄력성은 대략 -0.1 근처, 여성 근로자
의 경우 0.2 근처에 있다고 추론한다. 또한, 단기적으로 노동수요 탄력성
은 -0.4~-0.5 사이에 있다는 일치된 견해를 보여 준다. 노동공급 탄력성과
노동수요 탄력성이 음수(-)의 탄력성을 갖는다는 것의 의미는 각각 다음과
같다. 임금 수준이 10% 상승하였을 때 남성 근로자 총원이 노동에 투여하
는 시간의 총합이 1% 하락한다는 것, 여성 근로자 총원이 노동에 투여하는
시간의 총합이 2% 상승한다는 것, 임금 수준이 10% 상승하였을 때 고용이
4~5% 하락한다는 것이다.

6. 홍민기, (2022), 재인용.

7. 동향분석실, (2019), 노동리뷰 2019년 4월호, (통권 169호), 한국노동연구원,
9-32, (https://www.kli.re.kr/kli/prdclView.es?pblct_sn=9180&mid=a1010
3010000&nPage=6&sch_yr=&sch_type=&sch_keyword=&sch_prdcl=%EB
%85%B8%EB%8F%99%EB%A6%AC%EB%B7%B0) 전년 대비 2018년 임금
상승률 증감률(2.02%p)은 최저임금 미만 비중이 높은 산업군의 상용직 정
액 급여의 증가(1.07%p)와 특별 급여 변동이 큰 산업군의 상용직 특별 급여

의 증가(1.03%p)로 설명된다. 여기서 상용직 노동자들이란 하루하루 일자리를 찾지 않고 안정적으로 고용되어 있는 사람들을 일컬으며, 정액 급여는 기본급, 특별 급여는 기업에서 주는 일종의 보너스라고 생각하면 된다.

8. 통계청, (2019.02.21.), 2018년 4/4분기 가계동향조사(소득부문) 결과[보도자료](https://kostat.go.kr/board.es?mid=b80501010000&bid=214&tag=&act=view&list_no=373282&ref_bid=) 비임금근로자 중 고용원 있는 자영업자는 4만 3천 명(2.7%) 증가하였으나, 고용원 없는 자영업자는 8만 7천 명(-2.1%), 무급 가족 종사자는 9천 명(-0.8%) 각각 감소하였다.

9. 홍민기, (2019), 「2018년 최저임금 인상의 효과 추정」, 경제발전연구, 25(2), 1-28.

10. 통계청, (2019.01.09.), 2018년 12월 및 연간 고용동향[보도자료](https://kostat.go.kr/board.es?mid=a10301030200&bid=210&act=view&list_no=372640).

11. 안하늘, (2022.03.24.), '윤홍근 BBQ 회장 "치킨 값 3만 원은 돼야 … 삼겹살보다 저렴"', 한국일보(https://www.hankookilbo.com/News/Read/A2022032421430000152).

12. 이석주, (2022.10.13.), '알바보다 소득 적은 사장 100만 명, 건보료 3600억 더 냈다', 국제신문(http://www.kookje.co.kr/news2011/asp/newsbody.asp?code=0200&key=20221013.99099003234).

13. 리예진, (2022.04.05.), '"수수료만 8000원? 남는 게 없어요" … '배민1'에 뿔난 사장님들', 이코노미스트(https://economist.co.kr/article/view/ecn202204050087)

14. 전병유 & 황인도 & 박광용, (2018), 「노동시장의 이중구조와 정책대응: 해외사례 및 시사점」, (제2018-40호), 한국은행(https://www.bok.or.kr/portal/bbs/P0002454/view.do?nttId=10048755&menuNo=200431&pageIndex=3).

15. 조영철, (2003), 『재벌체제와 발전지배연합, 이병천(편)』, 개발독재와 박정희시대(pp. 133-160), 창비.

16. 「1997년 외환위기와 이후 한국경제사회의 변화」, (n.d.), 1997 외환위기 아카이브(https://97imf.kr/exhibits/show/ex-12/ex-12-p.04).

17. 김기헌 & 배정희, (2021), 「2021년 청년 사회·경제 실태조사: 기초분석보고서」, 한국청소년정책연구원.

18. 기준 중위소득 추이, (2023.08.16.), e-나라지표(https://www.index.go.kr/unity/potal/main/EachDtlPageDetail.do?idx_cd=2762).

19. 통계청, (2023.07.23.), 2022년 인구주택총조사 결과[보도자료](https://kostat.go.kr/board.es?mid=a10301020200&bid=203&act=view&list_no=426429).

20. 통계청, (2023.08.30.), 2022년 출생 통계[보도자료](https://kostat.go.kr/board.es?mid=a10301010000&bid=204&list_no=426806&act=view&mainXml=Y).

21. 이창훈, (2023.07.21.), '대기업 근로자, 중소기업보다 결혼 출산 확률 높아', 이코노미스트(https://economist.co.kr/article/view/ecn202211030015).

22. 취학률, (2023.09.19.), 국가지표체계(https://www.index.go.kr/unify/idx-info.do?idxCd=4245).

23. 강경래, (2022.05.18.), '중소기업 초봉 2881만 원 "대기업 54% 수준"', 이데일리(https://www.edaily.co.kr/news/read?newsId=02909366632330232&mediaCodeNo=257).

24. 김주리, (2023.06.11.), '월급 격차 최대 461만 원 … "이래서 대기업 간다"', 서울경제(https://www.sedaily.com/NewsView/29QTC973N3).

25. 슈카월드, (2023.04.04.), 전문직 열풍 대한민국, 사짜 전성시대, 유튜브(https://youtu.be/q08CAF4iERY?si=Dip-b3GWOaoZOnFA).

26. 서유덕, (2023.05.30.), '중소기업 68.6% "최저임금 오르면 고용 줄인다"', 정보통신신문(https://www.koit.co.kr/news/articleView.html?idxno=113482).

27. 원주연, (2022.07.07.), '점점 벌어지는 대·중소기업 임금 격차 … 사회 갈등 증폭 우려', 이데일리(https://www.edaily.co.kr/news/read?newsId=01141446632392224&mediaCodeNo=257).

■ 자료

[소득 구간별 평균 소비 성향] 통계청, 「가계동향조사」, 2023년 2/4 분기, 2023.10.03. 참조, 가구당 월평균 가계수지(전국, 1인 이상)].

[2021년 주요 업종별 최저임금 미만율 수준 및 격차] 한국경영자총협회, (2022.04.18.), 2021년 최저임금 미만율 분석 및 최저임금 수준 국제비교(https://www.kefplaza.com/web/pages/gc79582b.do?mnuId=gc79582b&bbsId=0001&nttId=17190&bbsFlag=View&pageIndex=1&searchCnd=0&searchWrd=2021%EB%85%84+%EC%B5%9C%EC%A0%80%EC%9E%84%EA%B8%88+%EB%AF%B8%EB%A7%8C%EC%9C%A8).

[최저임금 실행 전후 가구별 소득변화] 통계청, (2019.02.21.), 2018년 4/4분기 가계동향조사(소득부문) 결과(https://kostat.go.kr/board.es?mid=b80501010000&bid=214&tag=&act=view&list_no=373282&ref_bid=).

[연도별 실업률] 통계청, 「경제활동인구조사」, 2023.08. 작성, 2023.10.03. 참조, 성/연령별 실업자.

[전국 가구 소비지출 증감률 추이] 통계청, 「가계동향조사」, 2023년 2/4 분기, 2023.10.03. 참조, 가구당 월평균 가계수지(전국, 1인 이상).

[저소득층 공적이전소득 추이] 통계청, 「가계동향조사」, 2023년 2/4 분기, 2023.10.03. 참조, 가구당 월평균 가계수지(전국, 1인 이상).

[자영업자 비율] 비임금근로자 비율, (2023.09.26.), 국가지표체계(https://www.index.go.kr/unify/idx-info.do?idxCd=4213#).

[OECD 자영업자 비율] Self-employment rate, (2023), OECD(https://data.

oecd.org/emp/self-employment-rate.htm).

[치킨 가격 구조] 윤희훈, (2022.01.09.), '4000원 생닭이 2만 원 치킨이 된 이유 '국민 간식' 치킨 가격 구조 뜯어보니', ECONOMYChosun(https://economychosun.com/site/data/html_dir/2022/01/09/2022010900017.html).

[G5의 자영업 비중과 1인당 GDP] 「우리나라 고용시장 5대 특징 G5 국가 중심으로 비교」, (2021.09.09.), 한국경제인연합회(https://www.fki.or.kr/main/publication/globalInsight_detail.do?bbs_id=00019208&category=PT).

[2021년 임금근로일자리 소득] 통계청, (2023.02.28.), 2021년 임금근로일자리 소득(보수) 결과[보도자료](https://kostat.go.kr/board.es?mid=a10301010000&bid=11113&list_no=423944&act=view&mainXml=Y).

[최근 20년의 대-중소기업 간 노동시장 격차 분석] 노민선, (2021), 「대-중소기업 간 노동시장 격차 변화 분석, 1999~2019, 중소기업포커스, 21(4), 4.

[2019년 OECD 국가별 대학 진학률] Education at a Glance 2023: OECD Indicators, (2023), OECD(https://doi.org/10.1787/e13bef63-en).

[How to Get Your First Job in Data Science without Any Work Experience] (https://towardsdatascience.com/how-to-get-your-first-job-in-data-science-without-any-work-experience-37e33fad41b4).

■ 참고문헌

소득주성장이란, (n.d.), 소득주도성장특별위원회(http://webarchives.pa.go.kr/19th/www.ilg.go.kr/html/sub2_1.do).

성태윤 & 박성준, (2019), 「소득주도성장 정책 쟁점과 분석 및 평가: 임금주도성장 논의 중심으로」, 한국경제의 분석, 25(2), 53-88.

「고용률 70% 달성을 위한 선진국의 경험과 시사점」, (2013.10.), 한국경영자총협회(https://www.kefplaza.com/web/pages/gc92974a.do?bbsFlag=View&b

bsId=0008&nttId=32889).

김규영 & 황규인, (2019.10.10.), '아이 낳아 대학까지 보내려면 직장인 10년치 연봉 쏟아 부어야', 동아일보(https://www.donga.com/news/Society/article/all/20191010/97803147/1).

박우인, (2022.08.28.), '노후자금 최소 10억 필요' … 최선호 투자처는 '○○○', 서울경제.

김연수 & 김예윤 & 최혜령, (2017.07.17.), '"알바월급 167만 원, 사장은 186만 원" 가게 접겠다는 업주들', 동아일보(https://www.donga.com/news/Politics/article/all/20170717/85383747/1).

김기찬, (2023.02.24.), '알바생 76% "최저임금 올라도 소득 증가 체감 안 된다"', 스카이데일리(https://skyedaily.com/news/news_view.html?ID=183539).

이희진 & 이채빈, (2022.09.17.), '학생식당도 '1만 원' 시대 … 차라리 굶는 대학생들', JTBC(https://news.jtbc.co.kr/article/article.aspx?news_id=NB12078363).

주애진 & 송충현 & 남건우 & 구특교, (2021.04.19.), '굶으며 버티는 청춘 … 청년 37% "돈 없어 끼니 거른 적 있어"', 동아일보(https://www.donga.com/news/Economy/article/all/20210419/106471432/1).

허민, (2021.07.07.), '"인스타엔 온통 화려한 삶" … '행복한 타인'에 쌓이는 박탈감', 문화일보(https://munhwa.com/news/view.html?no=2021070701030930130001).

구나리, (2023.06.27.), '알바생의 희망 최저임금은 1만648원 … 사장 생각은', 아시아경제(https://www.asiae.co.kr/article/2023062709100824234).

송고, (2019.02.13.), '알바생 71% "알바하면서 불합리함 느낀 적 있다"'〈알바천국〉, 연합뉴스(https://www.yna.co.kr/view/AKR20190213116400848).

송고, (2017.01.10.), '"직업윤리·책임감 없는 알바생들 많다" … 편의점주 하소연(종합)', 연합뉴스(https://www.yna.co.kr/view/AKR20170109168151030).

박원석, (2023.05.23.), '알바천국, Z세대 알바생이 꼽은 퇴사 이유 1위 '근무 환경", 베리타스(http://www.veritas-a.com/news/articleView.html?idxno=458230).
구나리, (2023.06.27.), 재인용.

중소벤처기업부, (2022.07.28.), 2020년 기준 중소기업 기본통계[보도자료]
(https://www.korea.kr/briefing/pressReleaseView.do?newsId=156518633).

최상목, (2014), 「정책논단: 한국경제의 구조적 문제와 정책과제, 한국경제포럼,
7(1), 82.

홍기석 & 이재영, (2020), 「하청관계를 중심으로 한 대기업-중소기업 연계성
분석, 응용경제, 22(3), 5-50.

김태기, (2004), 「일자리창출을 위한 중소기업의 구조개선 방안, 한국경제 구
조변화와 고용창출(pp. 569-612)」, 한국개발연구원.

Part. 3

■ 후주

1. 대한상공회의소, (2018.09.28.), 최저임금 결정구조의 합리적 개선방안
   [보도자료](http://www.korcham.net/nCham/Service/Economy/appl/
   KcciReportDetail.asp?SEQ_NO_C010=20120932030&CHAM_CD=B001).

2. 고용노동부, (2022.06.30.), 2023년 적용 최저임금 시간급 9,620원[보도자
   료](https://www.minimumwage.go.kr/customer/news/view.do?bultnId=
   4208&pageUnit=10&pageIndex=3&bultnCd=MA&searchCondition=&sear
   chKeyword=).

3. 김지환, (2023.04.26.), '올해도 '공익위원 계산식'이 최저임금 인상률? … "이게 맞나
   요", 경향신문(https://m.khan.co.kr/national/labor/article/20230426140001#c2b).

4. Revenue Statistics 2023: Tax Revenue Buoyancy in OECD Countries,
   (2023), OECD(https://doi.org/10.1787/e13bef63-en).

5. 김주훈, 김동석, (2009), 「위기극복 이후의 중소기업 구조조정: 외환위기 경험을 중심으로,」 한국개발연구원(https://www.kdi.re.kr/research/subjects_view.jsp?pub_no=10999).

6. "강승복, (2015), 「최저임금 인상이 물가에 미치는 영향: 산업연관표를 활용한 분석」 노동정책연구, 15(2), 1-23."에 따르면, 최저임금 10% 인상되었을 때 전체 임금은 1% 상승하며, 이에 따라 물가는 약 0.2~0.4% 상승한다고 밝혔다. 다만, 이 보고서는 최저임금의 물가 효과에 대한 일종의 최대치로 이해하는 것이 바람직하다고 언급한다. 다음으로 "한국경제연구원, (2022.07.22.), 임금 인상 시 물가상승 가속화 우려, 인상 속도 조절 필요[보도자료], http://www.keri.org/web/www/news_02?p_p_id=EXT_BBS&p_p_lifecycle=0&p_p_state=normal&p_p_mode=view&_EXT_BBS_struts_action=%2Fext%2Fbbs%2Fview_message&_EXT_BBS_messageId=356375"와 "신우리 & 송헌재 & 전병힐, (2020), 「최저임금이 물가상승에 미치는 영향」 KERI Insight, 2020(6), 1-20. http://www.keri.org/web/www/research_0201?p_p_id=EXT_BBS&p_p_lifecycle=0&p_p_state=normal&p_p_mode=view&p_p_col_id=column-1&p_p_col_count=1&_EXT_BBS_struts_action=%2Fext%2Fbbs%2Fview_message&_EXT_BBS_sCategory=&_EXT_BBS_sKeyType=&_EXT_BBS_sKeyword=&_EXT_BBS_curPage=1&_EXT_BBS_optKeyType1=&_EXT_BBS_optKeyType2=&_EXT_BBS_optKeyword1=&_EXT_BBS_optKeyword2=&_EXT_BBS_sLayoutId=0&_EXT_BBS_messageId=356005"에 따르면, 최저임금이 1% 상승할 때 물가는 0.07% 상승한다고, 임금 1%가 상승할 때 소비자물가는 0.6% 상승하는 상관관계가 존재한다고 밝혔다.

7. 계산식은 다음과 같다.

임금 1% 인상 시, 물가는 최대 0.2~0.7% 상승. 따라서 연평균 전체 임금 3.5% 상승된다는 사실을 고려하면, 3.5×0.2~3.5×0.7, 즉 임금은 연평균 물가에 최대 약 0.7~2.5%p 영향을 미친다.

연평균 물가 상승률 2.3% 중, 임금이 최대 0.7~2.5%p 영향을 미친다는 것을 고려하면, 0.7/2.3~2.5/2.3, 즉 임금 인상으로 물가는 연평균 최대 25~110% 영향을 받는다.

최저임금 1% 인상 시, 물가는 최대 0.02~0.07% 상승. 따라서 연평균 최저임금이 7% 인상된다는 사실을 고려하면, 7×00.2~7×00.7, 즉 최저임금은 연평균 물가에 대략 최대 0.15~0.5%p 영향을 미친다. 따라서 0.15/2.3~0.5/2.3, 즉 최저임금 인상으로 물가는 연평균 최대 약 6~22% 영향을 받는다.

연평균 물가 상승률 2.3% 중, 최저임금이 최대 0.15~0.5%p 영향을 미친다는 것을 고려하면, 0.15/2.3~0.5/2.3, 즉 임금 인상으로 물가는 연평균 대략 최대 6%~21% 영향을 받는다.

최저임금 1% 인상 시, 임금은 최대 0.1% 상승. 따라서 연평균 최저임금이 7% 인상된다는 사실을 고려하면, 7×0.1, 즉 최저임금 인상으로 인한 전체 임금 상승이 최대 0.7%p다.

연평균 전체 임금 인상이 3.5%, 여기서 최저임금 인상으로 인한 전체 임금 상승이 최대 0.7%p라는 사실을 고려하면, 0.7/3.5, 즉 최저임금 인상으로 전체 임금은 연평균 최대 20% 영향을 받는다.

■ 자료

[경제/금융 분석] 경제/금융 분석을 위해 경제성장률은 "한국은행, 「국민계정」 2023년 2/4 분기, 2023.10.04 참조, 주요지표(분기지표)"를 활용하였고, 가계 부채는 "Global Debt Database, (2023), IMF. https://www.imf.org/external/datamapper/datasets/GDD" 상의 Household debt, loans and debt securities(Percent of GDP), 기

업 부채는 Nonfinancial corporate debt, loans and debt securities(Percent of GDP), 정부 부채는 Central Government Debt(Percent of GDP)로 설정하였다.

[사회적 갈등 분위기 분석] 최저임금, (2023. 10.), 구글트렌드(https://trends. google.co.kr/trends/explore?q=%EC%B5%9C%EC%A0%80%EC%9E%84%E A%B8%88&date=now%201-d&geo=KR&hl=ko).

[빈부격차 분석] 김낙년, (2018), 「한국의 소득집중도: update, 1933-2016」, 한 국경제포럼, 11(1), 31.

[빅사이클 측정] 경제/금융 분석을 위해 경제성장률은 "한국은행, 「국민계 정」, 2023년 2/4분기, 2023.10.04. 참조, 주요지표(분기지표)"를 활용하였고, 총 부채율을 파악하기 위해 가계 부채는 "Global Debt Database, (2023), IMF, https://www.imf.org/external/datamapper/datasets/GDD" 상의 Household debt, loans and debt securities(Percent of GDP), 기업 부채는 Nonfinancial corporate debt, loans and debt securities(Percent of GDP), 정부 부채는 Central Government Debt(Percent of GDP)를 활용하였다. 다음으로 내부 질 서 분석을 위해 사회적 분위기 분석 지표로는 최저임금 검색량 추이를 나타 내는 "최저임금, (2023. 10.), 구글트렌드, https://trends.google.co.kr/trends/ explore?q=%EC%B5%9C%EC%A0%80%EC%9E%84%EA%B8%88&date=n ow%201-d&geo=KR&hl=ko"를 활용하였고, 빈부격차 수준은 "김낙년, (2018), 「한국의 소득집중도: update, 1933-2016」, 한국경제포럼, 11(1), 31."에서 전체 소득 중 상위 1%가 차지하는 몫을 지표로 삼아서 활용했다. 총부채율, 빈부격 차 수준, 최저임금 검색량 추이는 높을수록 빅사이클 추정에 있어서 100에 가 깝게 설정했다. 계산식은 100×{(당해 연도 수치-조사 기간 내 최솟값)/(조사 기간 내 최댓값-조사 기간 내 최솟값)}이다. 반면, 경제 성장률은 낮을수록 빅 사이클 추정에 있어서 100에 가깝게 설정했다. 계산식은 100×{1-(당해 연도 수치-조사 기간 내 최솟값)/(조사 기간 내 최댓값-조사 기간 내 최솟값)}이다.

각각 4개의 지표들로부터 도출된 값을 토대로 당해 연도의 평균을 구했고, 결측치는 제외하고 평균을 구했다.

[레이 달리오가 판단한 빅사이클상 한국의 위치](https://economicprinciples.org/).

[자본-소득비율] 이우진, (2016), 「한국의 소득유형별 분배구조의 변화」, 예산정책연구』, 5(2), 1-40.

[최저임금 상승률, 경제성장률, 소득분배율 추이] 소득분배율 추이는 "Data Tables, (n.d.), World Inequality Database, https://wid.world/data/"를, 경제성장률은 "한국은행, 「국민계정」, 2023년 2/4 분기, 2023.10.04."를, 최저임금 상승률은 "주요지표(분기지표)최저임금 일반현황, (2023.01.02.), e-나라지표, https://www.index.go.kr/unity/potal/main/EachDtlPageDetail.do?idx_cd=1492"를 참조하였다.

[최저임금 수준 국제비교] 최저임금제도 국제비교 및 시사점, (2022.05.26.), 한국경제인협회(https://www.fki.or.kr/main/publication/globalInsight_detail.do).

[물가, 최저임금, 경제 규모, 빚 규모, 통화량 비교] 모든 지표의 수치가 통일될 수 있도록 최저임금은 "최저임금 일반현황, (2023.01.02.), e-나라지표, https://www.index.go.kr/unity/potal/main/EachDtlPageDetail.do?idx_cd=1492"를, 물가는 "소비자물가 상승률, (2023.05.30.), 국가지표체계, https://www.index.go.kr/unify/idx-info.do?idxCd=4226"를, 통화량은 "한국은행, 「국민계정」, 2023년 2/4 분기, 2023.10.04. 참조, 주요지표(분기지표)"를, 빚 규모는 "Global Debt Database, (2023), IMF, https://www.imf.org/external/datamapper/datasets/GDD"를 참조했다.

■ 참고문헌

Ray Dalio, (2022), 『변화하는 세계질서(송이루, 조용빈, 역)』, 한빛비즈.

한국경영자총협회, (2023.04.02.), 2022년 최저임금 미만율 분석 및 최저임금 수준 국제비교[보도자료](https://www.kefplaza.com/web/pages/gc38139a.do?bbsFlag=View&bbsId=0009&nttId=131).

OECD Economic Surveys: Korea 2020, (2020.08.), OECD(https://www.oecd.org/economy/korea-economic-snapshot/).

N. Gregory Mankiw, (2023), 『거시경제(송이병락역)』, 한시그마프레스.

최저임금 일반현황, (2023.01.02.), e-나라지표(https://www.index.go.kr/unity/potal/main/EachDtlPageDetail.do?idx_cd=1492).

소비자물가 상승률, (2023.05.30.), 국가지표체계(https://www.index.go.kr/unify/idx-info.do?idxCd=4226).

Part. 4

■ **후주**

1. 김진주, (2022.06.18.), '업종별 최저임금 차등 적용, 34년 전 딱 한 번 하고 없던 일 됐다', 한국일보(https://m.hankookilbo.com/News/Read/A2022061714580001006).

2. 박효령, (2023.06.07.), '지역별 차등 적용하는 '최저임금법' 발의 ⋯ 경영계·노동계 갈등 고조', 투데이신문(https://www.ntoday.co.kr/news/articleView.html?idxno=97929).

3. 최저임금을 업종별로 차등 적용하지 않고 주휴 시간을 현행대로 최저임금 산정 시간에 포함하고 2021년까지 10,000원(주휴 수당과 산입 범위 확대 적용 11,658원)으로 인상하는 시나리오 1의 경우, 4년간 총 62만 9천 명의 고용이 감소할 것으로 전망했다. 지니계수는 1.8% 증가하고 5분위 배율은 4.5% 증가하여서 소득 재분배는 악화되고 소득 격차가 확대될 것으로 예측

했다. 또한 소비자물가는 1.78%, GDP는 1.08% 감소하여서 물가가 상승하고 성장이 둔화되어 고용 감소와 소득분배가 악화되는 악순환을 초래할 것으로 분석했다. 그러나 최저임금의 업종별 차등화로 4년간 46만 4천 개, 주휴 수당 단계적 폐지로 7만 7천 개, 총 54만 1천 개의 일자리를 지킬 수 있을 것으로 추정했다. 최저임금이 업종별로 차등 적용될 경우 GDP는 0.65%로 감소하여 시나리오 1에 비해 감소폭이 0.44%p 줄고, 주휴 수당까지 폐지하면 GDP 감소는 0.34%로 시나리오 1에 비해 감소폭이 0.74%p나 줄어들 것으로 예측했다. 지니계수는 기준 시나리오에 비해 0.28% 증가하고 소득 5분위 배율은 0.57% 확대되는 데 그칠 것으로 평가했다.

4. 이소헌, 정예은, 심승규, 홍지훈, (2020), 「최저임금의 지역별 차등화가 성별 고용형태에 미치는 영향 - 일본 사례를 중심으로 -」, 지역개발연구, 52(2), 57-76.

5. 홍성희, (2022.05.17.), '최저임금 '차등 적용' 충돌하나 … "지불능력 안 돼", "낙인효과"', KBS 뉴스(https://news.kbs.co.kr/news/pc/view/view.do?ncd=5464028).

6. 명배, (2018), 4차 산업혁명 시대, 「경제패러다임의 전환과 새로운 경제정책 방향」, 경제연구, 36(4), 23-61.

7. Christopher Nolan(Director), (2023), Oppenheimer[Films], Syncopy & Atlas Entertainment.

8. Jeremy Rifkin, (2005), 『노동의 종말(이영호, 역)』, 민음사.

9. 이달휴, (2023), 「우리나라의 플랫폼노동에 관한 논의」, 동아법학, 98, 305-335.

10. 정원호 & 이상준 & 강남훈, (2016), 「4차 산업혁명시대 기본소득이 노동시장에 미치는 효과 연구」, 한국직업능력개발원 기본연구, 2016(29), 24.

11. 이달휴, (2023), 재인용.

12. 정원호 & 이상준 & 강남훈, (2016), 재인용.

13. 윤수정, (2022), 「제4차 산업혁명시대 사회·경제 구조의 변화와 소득 불평

등 완화 방안」, 헌법학연구, 28(4), 117-143.

14. 김환영, (2018.12.23.), 김환영 대기자의 큰 생각을 위한 작은 책들 14, 포
    브스(https://jmagazine.joins.com/forbes/view/324304).

15. Young, M, (1994), 『The Rise of the Meritocracy(2nd ed.)』, Routledge.

16. 이광현, 권용재, (2021), 「대입제도 쟁점분석: 수시와 정시 입학생들의 소
    득수준 비교 분석」, 한국콘텐츠학회논문지, 21(12), 107-118.

17. Markovits, D, (2019), 『The meritocracy trap』, Penguin UK.

18. 우리의 주적은 간부다, (2023.09.05.), 나무위키(https://namu.wiki/
    w/%EC%9A%B0%EB%A6%AC%EC%9D%98%20%EC%A3%B-
    C%EC%A0%81%EC%9D%80%20%EA%B0%84%EB%B6%80).

■ 자료

[최저임금 1만 원 시 일자리 변화] 라정주, (2018), 「최저 임금 인상이 국민경제
에 미치는 영향: 제4차 산업혁명에 의한 일자리 자동화를 중심으로」, 파이터치
연구원, 2018(1).

[대학 신입생 고소득층 비율] 이도경, (2020.10.20.), 'SKY 신입생 55%가 고소
득층…, 文정권서 심해진 '부모 찬스'', 국민일보(https://v.daum.net/v/202010
20040210396).

[미국 명문대학 신입생 고소득층 비율] Raj Chetty & John N Friedman &
Emmanuel Saez & Nicholas Turner & Danny Yagan, (2020.8.), 「Income
Segregation and Intergenerational Mobility Across Colleges in the United
States」, The Quarterly Journal of Economics, 135(3), 1567-1633.

■ **참고문헌**

조상균, (2018), 「최저임금의 적용 차등화 방안 연구」, 노동법학, 66, 77-104.

조경엽, (2019), 「최저임금 차등화의 경제적 효과」, KERI Insight, 2019(7), 1-24.

BON엘이비, (2020.02.14.), 1차, 2차, 3차, 4차 산업혁명 단계정리, 네이버블로그(https://blog.naver.com/lo8255ve/221807475237).

위키백과, (2023.08.02.), 러다이트 운동(https://ko.wikipedia.org/wiki/%EB%9F%AC%EB%8B%A4%EC%9D%B4%ED%8A%B8_%EC%9A%B4%EB%8F%99).

윤수정, (2022), 「제4차 산업혁명시대 사회·경제 구조의 변화와 소득 불평등 완화 방안」, 헌법학연구, 28(4), 117-143.

이채정 & 이선화 & 조희찬 & 이정희 & 김병수 & 박소정 & 권하늬, (2020), 「4차 산업혁명과 사회정책 재원조달체계연구」, 국회미래연구원, 20(4), 35.

Klaus Schwab, (2016), 『제4차 산업혁명(송경진, 역)』, 메가스터디북스.

Michael J. Sandel, (2014), 『정의란 무엇인가(김명철, 역, 김선욱, 편)』, 와이즈베리.

Michael J. Sandel, (2020), 『공정하다는 착각(함규진, 역)』, 와이즈베리.

김승연, 박민진, (2021), 「장벽사회, 청년 불평등의 특성과 과제」, 정책리포트, 326, 1-21.

조승연의 탐구생활, (2020.02.04.), 돈이 많으면 행복할까? 빈부격차가 생기는 원인 | 책추천 | meritocracy trap | 조승연 작가(https://www.youtube.com/watch?v=8Vy2tGaw0Eo).

Harari, Y. N, (2014), 『Sapiens: A brief history of humankind』, Random House.

Rawls, J, (1971), 『A theory of justice』, Cambridge.

김윤주, (2021.10.13.), "나도 보거나 겪었다" 군복무 대학생 80% 인권침해 경험', 한겨레(https://www.hani.co.kr/arti/society/society_general/1015024.html).

▪ 후주

1. Christopher Nolan(Director), (2014), Interstellar[Films], Legendary Pictures.

2. 이승재 & 김영환, (2019), 「창업기업의 기회포착에 관한 새로운 관점: 문제 인식 및 문제해결 역량을 중심으로」, 기업가정신과 벤처연구, 22(2), 1-16.

3. Richard H. Thaler & Cass R. Sunstein, (2009), 『넛지』, 최정규, 편, 안진환, 역, 리더북스.

최저임금
딜레마

© 김도경, 2024

초판 1쇄 발행 2024년 5월 18일
2쇄 발행 2024년 6월 25일

지은이	김도경
감수자	김정호
펴낸이	이기봉
편집	좋은땅 편집팀
펴낸곳	도서출판 좋은땅
주소	서울특별시 마포구 양화로12길 26 지월드빌딩 (서교동 395-7)
전화	02)374-8616~7
팩스	02)374-8614
이메일	gworldbook@naver.com
홈페이지	www.g-world.co.kr

ISBN 979-11-388-3142-0 (03320)